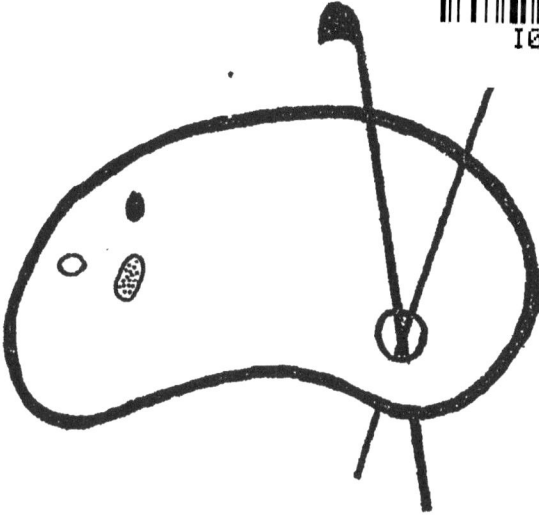

COUVERTURE SUPÉRIEURE ET INFÉRIEURE
EN COULEUR

JEAN MORÉAS & PAUL ADAM

LE THÉ

CHEZ

MIRANDA

BON ARBRE BON FRUIT

PARIS

TRESSE & STOCK, ÉDITEURS

8, 9, 10, 11, Galerie du Théâtre-Français

1886

—

Tous droits réservés

Format in-18 jésus

P. ADAM. *Soi.* 1 vol. in-18..... 3 50
J. AJALBERT. *Sur le vif, vers impressionnistes.* 1 vol. in-8° 6 »
H. BEAUCLAIR. *Le Pantalon de Mme Desnou.* 1 vol. in-32.. 2 »
ELZEAR BLAZE. *Le Chasseur au chien courant.* 2 vol............ 7 »
— *Le Chasseur conteur.* 1 vol. 3 50
— *Le Chasseur au chien d'arrêt.* 1 vol.................... 3 50
L. BLOY. *Propos d'un Entrepreneur de démolitions* 1 vol...... 3 50
Ch. BUET. *Contes ironiques,* illustrés par ALEX. LEMAISTRE. 1 vol. 3 50
E. CADOL. *Cathi.* 1 vol........... 3 50
E. CARJAT. *Artiste et Citoyen,* poésies 1 vol.............. 3 50
ROBERT CAZE. *L'Élève Gendrevin.* 1 vol. 3 50
— *La Semaine d'Ursule.* 1 vol.... 3 50
— *Dans l'intimité.* 1 vol.......... 3 50
— *Grand'Mère.* 1 vol............ 3 50
COQUELIN CADET. *Le Livre des convalescents,* illustré par HENRI PILLE. 1 vol. in-8° vélin....... 20 »
AD. CORTHEY. *Les Vieillards de Paris.* 1 vol. 3 50
L. DE GOURMONT. *Feuilles au vent,* poésies. 1 vol. in-8° vélin, orné d'eaux-fortes et de nombreux dessins hors texte...... 20 »
CH. CROS. *Le Coffret de santal,* poésies et fantaisies en prose. 1 vol......... 3 50
ED. DESCHAUMES. *L'Amour en boutique.* 1 vol............ 3 50
L. DESPREZ. *L'Évolution naturaliste* (G. Flaubert, les Goncourt, M. A. Daudet, MM. E. Zola. Les Poètes. Le Théâtre.) 1 vol...... 3 50
H. DESNAR. *Le Secret de Sabine.* Dessin de J. WORMS. 1 vol... 3 50
E. DURANDEAU. *Civils et Militaires,* préface de TH. DE BANVILLE. 1 vol. orné de dessins sur bois 3 50
G. DUVAL. *Vieille Histoire.* 1 vol... 3 50
E. DU FAYL. *L'Opéra,* 1669-1878. 1 vol. in-32 avec plans........ 3 »
L. FRÉVILLE. *Nouveau Traité de récitation et de prononciation.* 1 vol.................... 2 »
H.-G. DE GENOUILLAC. *Les Quatre Manières de les aimer.* 1 vol..... 3 50
— *Comment elles agissent.* 1 vol.. 3 50
L. HENNIQUE. *La Mort du duc d'Enghien.* 1 vol. in-8° Hollande, orné d'eaux-fortes par MULLER, d'après les dessins de H. DUPRAY 20 »
M. JOUANNIN. *Neuf et dix.* Préface de M. FRANÇOIS COPPÉE, 1 vol..... 3 50
— *La Grève de Penhoat.* 1 vol.... 3 50
J. JULLIEN. *Trouble-Cœur.* 1 vol. 3 50

J.-B. LAGLAIZE. *Fantoches d'opéra.* Préface de CH. MONSELET. Dessins de LUDOVIC. 1 vol....... 3 50
— *Figurines dramatiques,* roses et épines de la vie théâtrale. 1 vol. 3 50
ED. LEPELLETIER. *L'Amant de cœur.* 1 vol.................... 3 50
— *Les Morts heureuses,* avec une préface par ALPH. DAUDET. 1 vol. 3 50
CH. LEROY. *Guide du Duelliste indélicat.* Dessins d'UZÈS. 1 vol. 3 50
CH. LE SENNE. *Code du Théâtre.* 1 vol.................... 3 50
ALPH. LEVEAUX. *Le Théâtre de la Cour à Compiègne,* pendant le règne de Napoléon III. 1 vol.... 3 50
P. MAHALIN. *Les Jolies Actrices de Paris.* 4 volumes à 3 50
— *Caprice de princesse.* 1 vol..... 3 50
— *Au bout de la lorgnette.* 1 vol. 3 50
— *Le Fils de Porthos.* 2 vol..... 7 »
— *La Belle Limonadière.* 1 vol... 3 50
— *Le Duc rouge.* 1 vol......... 3 50
— *La Reine des Gueux.* 1 vol..... 3 50
— *L'Hôtellerie sanglante.* 1 vol... 3 50
— *La Filleule de Lagardère.* 2 v. 7 »
J. DE MARTHOLD. *Contes sur la branche,* illustrés par E. MAS. 1 vol.................... 3 50
— *Théâtre des Dames.* 1 vol.. .... 3 50
A. MILLANVOYE et A. ÉTIÉVANT. *Les Coquines.* 1 vol..... 3 50
CH. MONSELET. *Une Troupe de comédiens.* 1 vol............. 3 50
G. NADAUD. *Théâtre de fantaisie* 3 50
— *Chansons à dire.* 1 vol........ 3 50
L. DE NEUVILLE. *Comédies de château.* 1 vol.............. 3 50
NICOLARDOT. *L'Impeccable Théophile Gautier et les Sacrilèges romantiques.* 1 vol............ 2 »
ORDONNEAU, NADAUD ET VERCONSIN. *Théâtre des familles.* 1 vol.................... 3 50
PONTSÉVREZ. *On va commencer* 1 vol.................... 3 50
A. POUGIN. *Figures d'opéra-comique* (Mme Dugazon, Elleviou, les Gavaudan). Eaux-fortes par MASSON. 1 vol........... »
SAYNÈTES ET MONOLOGUES. Recueil de comédies de salon par différents auteurs. 8 vol. à... 3 50
J. TRUFFIER. *Sous les frises,* poésies. 1 vol............... 2 50
J. TRUFFIER ET L. CRESSONNOIS. *Trilles galants pour nos gracieuses camarades.* Un vol. précédé d'une préface de TH. DE BANVILLE................. 3 50
A. VITU. *Molière et les Italiens.* Une brochure in-8°........... 1 50

Dijon. Imprimerie Darantiere, rue Chabot-Charny, 65.

LE THÉ ‾

CHEZ

MIRANDA

*Ce volume a été déposé au Ministère de l'Intérieur (section
de la librairie) en Juillet 1886.*

OUVRAGES DE JEAN MORÉAS :

LES SYRTES.
LES CANTILÈNES.

OUVRAGES DE PAUL ADAM :

CHAIR MOLLE.
SOI.

Pour paraître prochainement:

LES DEMOISELLES GOUBERT

MŒURS DE PARIS

par

JEAN MORÉAS ET PAUL ADAM

3694. ABBEVILLE, TYP. ET STÉR. A. RETAUX. — 1886.

JEAN MORÉAS ET PAUL ADAM

LE THÉ

CHEZ

MIRANDA

PARIS

TRESSE ET STOCK, LIBRAIRES-ÉDITEURS

8, 9, 10, 11, Galerie du Théâtre-Français

PALAIS-ROYAL

1886

Il a été tiré de cet ouvrage sur papier de Hollande
dix exemplaires numérotés à la presse.

PREMIÈRE SOIRÉE

C'est l'hiémale nuit et ses buées et leurs doux comas.

Quartier Malesherbes.

Boudoir oblong.

En la profondeur violâtre du tapis, des cycloïdes bigarrures.

En les froncis des tentures, l'inflexion des voix s'apitoie; en les froncis des tentures lourdes, sombres, à plumetis.

C'est l'hiémale nuit et ses buées et leurs doux comas.

Dehors, la blancheur pacifiante des neiges.

Au foyer, la flamme s'allonge, s'allonge et se recroqueville, s'aplatit et se renfle, — facétieuse.

Et des émanations défaillent par le boudoir oblong,
des émanations comme d'une guimpe attiédie, d'une
guimpe attiédie au contact du derme.

Le jour froid des lampes filtre et se réfracte. Le
jour des lampes se réfracte en la profondeur violâtre
du tapis aux cycloïdes bigarrures ; il se réfracte contre
les tentures sombres, à plumetis.

Au-dessus du sofa brodé de lames, dans son cadre
d'or bruni, un PAYSAGE *:* Perse stagne la mare ;
les joncs flexueux où des engoulevents volètent, la
ceignent. A gauche, des peupliers que le cadre
étronçonne, et tout au fond, par les ciels dégradés,
dans la grivelure argentée de leurs ailes éployées, un
vol tumultueux de grèbes.

En face du sofa brodé de lames, sur un meuble
bas, pentagone, que des télamons supportent, de
hautes feuilles de parchemins vêtues de poult-de-soie
blanc, aux agrafes d'un métal précieusement oxydé,
s'étalent.

Et ce sont là devis et contes, devis et contes futiles
et sentencieux, écrits pour l'agrément de la Dame par
ses deux sigisbées.

C'est l'hiémale nuit et ses buées et leurs doux
comas.

Dehors, la blancheur pacifiante des neiges.

Au foyer, la flamme s'allonge, s'allonge et se recroqueville, s'aplatit et se renfle, — facétieuse.

... Miranda, toute droite, à l'aise en une sorte de canezou d'escot aux passements de jais et de soie écar-late, verse du thé de ses mains bien fardées.

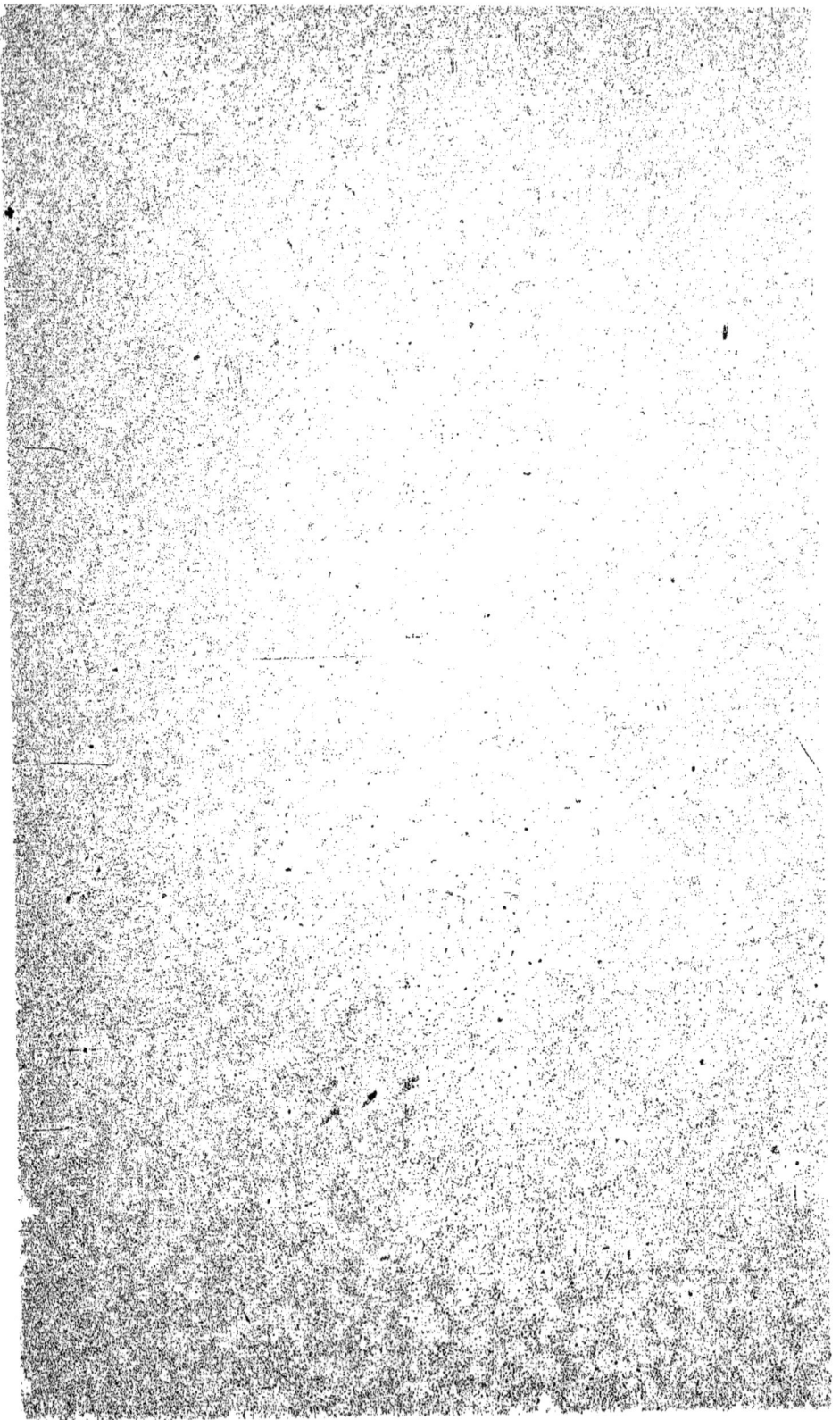

AMOURETTE

I

Aux Tuileries, contre la terrasse qui longe la Seine, elle se tient assise, en brodant. Et se détache à peine sa toilette sobre sur le vert noir du lierre.

Paul Doriaste est revenu là pour lui découvrir les imperfections peu visibles, mais décevantes, qu'elle doit avoir. Ainsi espère-t-il esquiver la hantise d'elle. Chose bête : il a soumis plusieurs jours son tympan aux cacophonies des musiques militaires afin de la voir. Cette élégance de dame à médiocres revenus, la plus discrète et délicate des élégances, le charme.

En paysanne, en grande mondaine, en mystérieuse
courtisane, en bourgeoise lettrée, il l'a décrite déjà,
au cours de plusieurs nouvelles qu'il fit pour son
journal, *le Sphinx*. Elle accapare son esprit ; il la
désire, et il ne l'aura point.

Cela se devine tout de suite qu'il ne l'aura point.
Elle est honnête fatalement par sa blondeur tendre
d'anémique, la matité du teint pur, la tendance à
rester clapie très longtemps dans la même attitude.

Elle le regarde venir. Sur l'orbe de son œil levé
une nacrure luit, humide, puis se voile des cils baissés
vite. Et cette luisance le pénètre, se darde par ses
entrailles qui frémissent. Il la veut. Sans doute elle
n'osera se livrer ; mais ce geste du regard est certainement un aveu d'amour. Ou non, peut-être. Aux
sourires des gens semblent bizarres son costume de
sportsman, ses bottines pointues et ses culottes col-
lantes ; à elle aussi pourquoi ne paraîtrait-il point
ridicule. Une simple curiosité peut-être incita la
moqueuse à l'examiner. Et tout désir se dissipe en
lui. Il se résout à rentrer. Intimement un spleen
l'abat.

Le possède depuis quelque temps un besoin de
femme, pas un besoin charnel, mais une envie de

frôler des jupes, de laisser, en une infinimènt douce
caresse, ses lèvres effleurer l'odorant duveteux d'un
épiderme de blonde, de sentir sous ses doigts l'incurve et plastique roideur du corset, à travers la
soie.

Le manque de cette satisfaction le rend veule,
presque malade. Davantage l'obsède son scepti-
cisme. Il s'échafaude en la cervelle des plaidoiries
également probantes pour des principes contradic-
toires. Des dégoûts lui affluent. Il prévoit tout à
l'heure, chez Sylvain, devant l'absinthe, ses camarades nantis de raisonnements pareils. On déversera
sans trève de pessimistes radotages. Et puis il
regagnera son logis en discutant le suicide ; ou
bien, dans quelque boudoir public, il ira s'anuiter et
accroître, par le contact de chairs urbaines, la regret-
tance du rêve féminin qu'il veut oublier. Rien autre
en but. Lassitude d'être.

Au reste, pourquoi ne point tenter cette aventure,
— distrayante, qui sait ? S'arrêterait-il à la crainte
d'échouer ? Non. L'insuccès dans ce genre de tenta-
tive indique seulement une erreur sur la minute
propice, une inaptitude à graduer ses paroles selon
l'inintelligence de la femme. Aurait-il honte de ne

1.

pas réussir là où triomphe la bêtise suprême des lieutenants et des coiffeurs?... Le dépit s'en offrirait bizarre à étudier sur soi.

Et Paul Doriaste repasse devant elle. Un autre regard le trouble encore. Une bestiale envie d'étreindre le surexcite... Il se décide. La pâleur lui resserre la peau, son cœur bat; mais comme il s'estime brave de l'effort qui l'amène près elle ! Il s'assied ; et, bien qu'elle feigne une complète indifférence, il espère.

Elle demeure toujours immobile, comme malicieuse dans sa pose énigmatique. Elle pense, — devine-t-il : S'il se montre impertinent je le remettrai à sa place ; et s'il n'ose pas c'est un sot. Ce le tracasse fort de comprendre cette pensée. Il remarque les dessins de la broderie qu'elle achève : une fleur, une étoile, une rosace dans un cercle, et puis une fleur, une étoile...; ça recommence ainsi indéfiniment. Un bout de jupon frais qui dépasse la robe laisse évoquer le linge de dessous et le corps. Oh ! si ce teint se retrouve sur la poitrine autour des pointes roses, et entrevu par les vides de la guipure !... Et l'odeur chaude qui émanera, nourrissante presque. Son minuscule soulier vernis tout plat semble ne rien contenir jusque la bouffette de rubans qui lace. Par-dessus se courbe un renflement gras, linéaire dans un bas uni et violâtre.

Et les lois conventionnelles qui entravent la sincère et brusque manifestation de l'amour ?... Quels imbéciles préjugés !...

Une balle crasseuse roule vers la chaise de Doriaste. Apparaît le propriétaire : un baby, un gnôme bouffi, chancelant, hâve, chevelu de jaune clair, et qui fixe le chroniqueur de ses gros yeux lactescents. Doriaste ramasse le jouet, car la voisine, tout de suite, a coulé l'œil vers l'enfant. Lui le caresse et lui parle, sûr que l'instinct de maternité la tiendra forcément attentive à leur mimique et à leurs dires. Il tarabuste l'enfant lourd, ballonné d'étoffe blanche, et dont la laideur l'irrite. Il lui serine des inepties que le petit répète en bégayant et bavant. Tout à coup le mioche de pleurer à sanglots. — « Monsieur, prie-t-elle, mais laissez-le donc ;... viens, va ! mon petit garçon. »

Elle a chanté, cette voix, sur une inflexion parisienne impérieuse, donnant la sensation d'avoir été perçue lors de querelles. Et, cependant qu'il conduit à la dame le pleurnicheur, il ne trouve rien de

spirituel à énoncer, tant l'absorbe la désillusion de
son ouïe. Au hasard, il lâche, avec un espoir de
pitoyante réponse : — « Madame, vous aurez sans
dou... plus de chance que moi ! je fais pleurer tous
ceux que je veux aimer... »

Elle sourit, moqueuse.

C'est une grue, juge Doriaste. Le subit intérêt
pris à ses paroles dénonce l'envie de se livrer ; et la
façon rapide dont elle l'exprime décèle que cette
envie lui est coutumière. Il s'enhardit avec, déjà, la
prévision d'un souper, d'une baignoire de petit
théâtre. Justement il garde en poche les vingt louis
de ses derniers articles. Et, tout en calculant la
dépense probable de cette fredaine, il conte à la
jeune femme l'histoire d'une maîtresse suicidée, bien
convaincu qu'elle n'y veut croire, mais pensant la
flatter par la peine qu'il se donne.

Silencieuse, elle essuie de son fin mouchoir les
joues de l'enfant, puis elle l'embrasse. Doriaste
pousse alors un profond soupir tout en s'avouant
à lui-même cette comédie ridicule. Elle hausse les
épaules. Ce qui le froisse : elle l'ennuie à la fin avec
ses manières! Il débite des sottises, soit ; mais les
femmes sont si nulles. Pour varier il la complimente.

Il lui déclare comment sa toilette, harmonisée par un art dilettante, la désigne l'amie de goût que l'on rêve. Il décline sa position sociale, comptant sur ce titre d'homme de lettres pour la fasciner. Elle, pâlie un peu, se lève, s'en va.

Ne point s'opposer à son départ ? le jeune homme estime excellente cette tactique. A la regarder filant parmi la foule badaude, avec sa taille svelte qui s'érige hors le gonflement de la jupe, il la trouve plus désirable encore et son esprit s'opiniâtre à imaginer tout ce corps sans robe, sur un lit. La lumière qui se filtre par la verdure tendre des marronniers s'en vient voluter autour de ses formes que la marche ondule. Et l'œil de Doriaste longtemps vise l'épaisse torsade blonde où se contourne toute la chevelure qui monte dans le faîtage du chapeau.

Il la suit. Bientôt il marche à côté d'elle et il prie qu'on l'excuse, et il proteste que seule une attirance *mystérieuse et invincible* l'attache à elle. Comme elle ne répond, gardant l'immutable indifférence de ses yeux froids, l'impassibilité de sa peau mate, Doriaste cite son nom bien connu et interroge si elle lit quelquefois *le Sphinx* : les cinq derniers articles, il les a consacrés à décrire l'image d'elle.

Et elle s'étonne d'entendre sa voix chevroter pendant qu'il dit cela. Et ce chevrotement la pénètre,
lui secoue le cœur. Subitement, elle stationne
et déclame cette phrase qu'elle a vue quelque
part :

— Donnez-moi votre parole d'honneur que vous
ne serez que mon ami, rien que mon ami.

Au désir d'héroïne dramatique il accède, devenu
stupide de bonheur parce qu'il la flaire, parce qu'il
calque du regard ses formes proches, elle consen-
tante. Il ajoute à son serment :

— Jusqu'au jour où vous-même m'en relèverez.

— Jamais, cela.

La face du chroniqueur s'étire en un sourire triste,
amer, incrédule. Vers la grille elle reprend sa route.
Lui, à mots émus, confesse sa présente extase.
Muette, elle l'écoute, la bouche gaie, pourtant.

A l'appel de sa main, un cocher blanc dirige près
elle son fiacre. Et Doriaste :

— Laissez-moi vous accompagner.

— Non, je ne suis pas libre... je suis mariée.

— Quand vous reverrai-je.

— Vous avez bien su me trouver ; vous le saurez
encore, à moins que l'oubli...

— Oh! non. Me direz-vous comment vous vous
appelez, afin que...

— Supposez que je m'appelle... Marceline...:
oui, Marceline...

Du fiacre où elle s'installe en tapotant ses jupons,
elle a pour Doriaste un franc regard, très long.

Et la voiture cahote, jaune, par les rosâtres gri-
sailles de la vesprée.

En vain le journaliste espère-t-il qu'elle soulèvera
le voile capitonné qui ferme le judas dans le panneau
du fiacre... Rien.

Marceline? Marceline! songe-t-il, prénom cher à
la littérature bourgeoise. Le père, il l'imagine ingé-
nieur, ou sous-chef, ou magistrat, honnête homme
certes, grand lecteur du *Temps* et des discours aca-
démiques, et croyant aux destinées du pays. Sans
doute il psalmodiait le soir, sous la lueur cuivreuse
de la lampe, les phrases sentimentales de George
Sand, devant sa femme ; et, par-dessus la nappe, ils
se serraient la main. A la suite d'une telle lecture
Marceline a dû être conçue dans un lit d'acajou lin-
ceulé de cretonne bleue.

II

Premier rendez-vous au concert.

Sur la scène, un violoniste enlève les symphonies de Max Brüch, du coude, de la tête, avec des mouvements de lutteur agile; et le gaz crûment inonde son habit noir, ses cheveux noirs.

Paul Doriaste se mélancolise à percevoir ces sonorités fuyantes, et qui, lentement, reviennent. A son côté, Marceline se serre parmi l'entassement d'un public nombreux. Et il la sent très loin de lui comme une impassible vision. La rectitude de cette pose où pas une flexion ne s'affaisse, le vague de ce regard qui flotte par le lustre, et se fixe aux pendeloques que les feux décomposés teintent de lueurs joaillières, tout cela semble cacher une âme mystérieuse, intangible. Il lui en veut d'avoir accepté ces relations platoniques. Une comédie qu'elle joue là; une comédie qui, lui, l'absorbe et l'agace. Voici qu'il n'entend même plus Max Brüch. Elle finira, cette femme, par lui tuer le sens artistique.

Derrière leurs pupitres, les musiciens s'étagent

en face, adossés au décor : figures communes, épanouies dans l'évasement des faux-cols ; corps tassés dans les fracs larges, dans les bosselures des plastrons blancs. En bas, les choristes femelles avec les taches claires de leurs collerettes sur la terneur minable des corsages. Dans le haut, tout à fait, le timbalier s'amplifie en allures pontifiantes, tandis que le cymbalier ne cesse de faire reluire son binocle et le replacer sur sa face qui sue. Et ce monde s'encastre entre les cuivres énormes, s'accoude à l'acajou de contrebasses, s'encage sous les cordes des harpes monumentales. Des toiles peintes et défraîchies, du plafond que traverse une ligne d'usure, les torchères saillent, le lustre pend. Seules dorures.

Vibre une note isolément, comme le pleur prolongé d'une vierge, et Doriaste conquis ne remarque plus rien. La mesure s'active, et s'alanguit tout à coup, râle. Comme un sanglot alors, et puis de cristallines notes ruissellent, et des notes, et encore. Il en sourd des soupirs, des étirances lamentantes, de spasmatiques arpèges. Tantôt l'harmonie se pâme humide, s'expire. Puis elle s'élance avec de déterminés vouloirs, des violences de rut. Les cordes

des violons craquent comme des soieries et hocquè-
tent comme des gorges jouissantes. D'une accalmie
douce, murmurée, surgit une sautillante phrase qui
croît. Elle domine, triomphe en une impudique
danse. De lentes ondulations l'enserrent par une
spirale qui monte et s'évase. Les dièzes reluisent
comme des gemmes, des gemmes qui parent une
chevelure longue, une chevelure qui se dénoue et
flotte dans un aboutement de gammes. Et s'évoque
la toute-puissante femme. Il est une mugissante mesure pour le fauve des aisselles, une mesure plane pour
le front pur, une note coulée pour la gouttelante
améthyste qui pendeloque sur le front, deux mesures
ronflantes pour les seins arrondis ; ensuite une rapide
infinité de sons qui disent tout, décrivent tout et le
clament : ce sont les cassures de gaze d'or autour des
hanches, et le galbe recourbé des bras sur la tête
qui se renverse, et le poli du ventre avec les mystiques profondeurs du nombril, et les yeux, pastilles
d'encens où fulgure une minuscule étincelle. Le
rythme s'exaspère. La Salomé bondit avec un éclat
de trilles et un scintillement de pierreries. Les cro-
ches se dardent comme des diamants et se fluidi-
fient en collier comme une rivière d'ambre sur la

poitrine. Deux notes brèves saillissent comme les escarboucles des seins.

Et Paul Doriaste ne perçoit plus que les multiples voluptés d'un corps féminin harmonique en danse harmonieuse. Il y voit la nudité de Marceline; il se retient pour ne pas l'étreindre. Et, par la salle, les bravos croulent, rebondissant sur les banquettes écarlates.

— C'est délicieux, émet-elle : toutes ces notes s'épanouissent comme les fleurs d'un jardin féerique.

Elle a dû composer cette sentence avec un extrême soin, pendant toute une moitié du morceau. Le chroniqueur s'enrage à l'entendre, il se contente d'affirmer :

— Parfaitement, madame.

Lamoureux, le chef d'orchestre, gravit l'estrade. Il inspecte le public à travers la luisance de son binocle, avec un lent tournoiement de sa carrure pesante. Levant l'archet, il fait signe.

Du Wagner : le premier acte de *Tristan et Yseult.* La gigantesque rumeur d'un océan enfle par les cordes, hurle dans les cuivres, se lamente dans les contrebasses, s'écroule avec le choc grave de la grosse caisse, avec l'éclatante sonorité des cymbales. Et, par un moutonnement de notes minimes, la vague rétrogradante bruisse. Les tonalités énormes et balbutiantes de la grande mer s'épanchent dans l'ampleur de cette phrase musicale toujours reprise, toujours elle-même et jamais identique. Cela institue d'immenses perspectives d'eau verte montuant sous un ciel froid, quelque chose de terrifiant et de squameux ; et l'inopinée chanson du mousse se déverse des hunes pâles : sensation de l'humain infime perdu dans l'immensité du large.

Doriaste, très empoigné, abandonne sa rancune contre le béotisme de Marceline. Un instant, à peine, le gagne un dédain pour l'écrivaillerie sentimentale dont elle copie les piteuses héroïnes. Ailleurs l'emporte un rythme.

Fatiguée de s'être tenue si longtemps roide, Marceline fléchit vers le dossier de son fauteuil, et un reflet rouge, le reflet d'une tenture de loge se pose dans sa pupille bleue. A la contempler, Doriaste ressent un nouvel afflux de désirs. Une chaleur parfumée l'imprègne et affadit sa rage. Marceline s'affaisse toujours en courbes molles. Il a

bientôt de sa jupe dans les jambes. Entre sa taille et
le dossier du fauteuil il glisse la main. Ce lui procure
une sensation d'exquis énervement effleurer le tissu
un peu rêche du corsage. Elle ne bouge, elle ne
parle, elle ne se meut. Vaniteuse joie du jeune
homme qui suppose acquiescente cette immobilité.
Mais à la fin du morceau, levée brusquement, elle
profère :

— Adieu, par votre faute.

C'est comme un soufflet sur la joue de Doriaste,
une leçon qu'elle donne. Et tout son mépris pour
cette bécasse platonique s'exhale en une popula-
cière injure murmurée, qu'il entendit naguère sur le
boulevard et dont la gouailleuse intonation l'obsède :

— Hé va donc, morue !

Jusque la dernière note du concert, il se soûle
d'harmonie. Il s'avoue soulagé de ne l'avoir plus
là, elle.

de *l'Eclair* on a supprimé l'*a* de son nom. Voyez.

— Cufières, Cufières, ça fait Cu-fier. Elle est mauvaise celle-là.

— Du coup, sa maîtresse va le lâcher.

— Il a une maîtresse ?

— Oui, la baronne de Terse. Elle ne lui pardonnera pas ce ridicule.

— Il couchait avec ?

— Dame, une maîtresse?... généralement! Il prenait ses repas chez elle. C'est un garçon pratique, ça lui économisait les restaurants.

— Ah! il couchait... Eh oui! je suis bête, répond Paul.

Et l'image de Marceline qu'il n'a vue depuis le concert se dresse en sa mémoire, vision maligne insaisissable. De ce regret il construit une chronique.

— Monsieur, vient lui dire le garçon, tandis qu'il achève un paragraphe, il y a une dame pour vous dans le salon.

Elle, debout devant une croquade de Forain, et sa toilette sombre l'enveloppe de plastiques roideurs.

L'émotion rend Doriaste tout tremblant, et, pour éviter à Marceline l'embarras de parler :

— Que vous êtes bonne ! Vous vous intéressez donc à moi !

— J'avais craint qu'il ne vous fût arrivé quelque malheur.

— Vous ne m'en voulez plus alors ?

— Si.

L'humidité profonde de son regard mire le visage du jeune homme.

— Je m'en vais, maintenant, dit-elle.

— Moi aussi, je m'en vais. Me permettez-vous de vous accompagner ?

— Oh ! non. D'abord je craindrais de vous déranger ; et puis, si j'étais vue...

Et le ton de ces paroles prouve qu'elle se soumet à lui, repentante. Il commande en cachette un coupé de remise. La conversation butine sur des banalités vagues ; et il exerce son esprit à inventer de quelconques traîtrises qui la puissent mettre en ses bras. Ils descendent. Dans la rue Drouot étroite, où le monde grouille, elle n'ose s'arrêter longtemps pour se défendre de monter en voiture. Près elle un vieux monsieur bougonne contre les gens qui obstruent la voie publique. Doriaste, doucement, l'amène jusque sur les coussins.

— Ce n'est pas bien, fait-elle.

. Au capitonnage elle s'adosse, les yeux perdus en quelque infini souvenir.

Du duel, il parle. Peu à peu elle lui sert de discrètes exclamátions. Il invente des détails, il énumère des dangers. Insinuant que le vrai motif de cette rencontre n'est pas celui publié par les gazettes, il se pose en redresseur de torts, il lâche ses indignations contre la canaillerie de *certaines gens.* Puis il se piédestale sceptique, rassasié de vie, de choses, d'êtres. Un moment, Marceline lui a rendu ses croyances, les bonnes pensées qui retrempent et encouragent. Mais, après son abandon, il a requis ce duel, voulant la mort. Sur le terrain, quelque chose, subitement, lui prédit qu'elle reviendrait, et il s'est défendu pour pouvoir l'aimer, l'adorer, lui poser un baiser.

Elle le laisse prendre si froidement qu'il se reproche l'avoir pris. Et cependant il questionne si elle l'aime un peu. Très bas, elle affirme « oui ». Et sa main, sa longue main gantée se crispe sur les doigts de Doriaste.

Devant la maison du chroniqueur le coupé s'arrête. En gentilhomme heureux, il donne un louis au

2

cocher ; et cette crainte le harcèle : la blanchisseuse n'a peut-être point rapporté les serviettes
fines.

Mais déjà, dans la lumière blonde du soleil au-
tomnal, Marceline s'éloigne grave.

Lui murmure : « Ah ! non, pas de lapin, ma
vieille ! » Comme il l'a rejointe, comme il la supplie,
elle révèle son mari, courageux militaire, officier
de la Légion d'Honneur. Le tromper serait lâche
tant il se confie en elle ; Paul Doriaste, un galant
homme, ne voudrait pas cette forfaiture. Toute rose
elle s'anime, parlant haut presque. Les grands mots
« honneur », « paroles engagées », passent entre ses
lèvres avec des sons sévères, superbes.

Il est convaincu ; il l'estime pour ces reproches.
Il prévoit vilipendé, moqué ce mari, un brave
homme. Et c'est en lui une déchirante lutte entre
son amour paroxysé par le goût du baiser conquis,
par les longs frôlements en voiture, et l'hésitation à
commettre une infamie. Mais s'impose l'idée sou-
daine qu'elle blague peut-être, que tout cela est
manége pour accroître la valeur de sa défaite. Alors
il ruse :

— Oui, vous avez raison. Un ange comme vous

ne peut pas tromper ; et pourtant vous m'aimez et je vous aime comme on ne le saurait dire.

L'un l'autre ils se crispent encore leurs mains enlacées ; et, de cette partielle étreinte, un énervement délicieux jaillit jusqu'au fond de lui-même. Elle, pour ne pas pleurer, regarde fixement au loin, devant. Rue pâlement ensoleillée ; trottoirs gris perle, propres ; l'activité calme de la grande ville dévale avec les passants muets. Si régulièrement palpite le tapage qu'il semble la respiration d'une personne saine, et un vent doux caresse la peau, met une légère ondulance aux bâches rayées des boutiques. Sur le visage mat de Marceline deux larmes qu'elle essuie vite.

Lui, très ému, ne doute pas maintenant que ses protestations ne soient sincères. Irrévocablement il l'aime.

— Tenez, demande-t-il, je vous jure d'être raisonnable. Mais je voudrais vous voir chez moi, Marceline, vous voir une seule fois dans le cadre de mon intérieur. Il me semble qu'ensuite votre image y demeurerait toujours. Sans cesse je l'y pourrais adorer et je serais heureux. Votre souvenir revêtirait auprès de moi une forme plus réelle. Vous seriez

comme un délicat fantôme, chérie, visible toujours
et vous laisseriez une ombre parfumée de vous sur
les choses que vous auriez touchées. Et vous seriez
là, jusque ma mort, pour me garantir des désespé-
rances. Venez, voulez-vous ?

Elle s'arrête de pleurer. Des gens qui marchent
la dévisagent avec des mines pitoyantes ou ironiques. Elle s'en trouve confuse et se laisse con
duire.

IV

Dans la pièce tendue de mauve, elle s'assied triste.
A peine effleure-t-il le baiser de Doriaste vers ces
lèvres chaudes. Elle se laisse enlacer. Ils restent
ainsi longtemps sans dire, lui, s'imprégnant d'elle. Il
songe que cette femme il la doit avoir, que son
honneur de mâle serait compromis s'il ne manifes-
tait pas sa virilité. Peu à peu, il approche son visage
de celui de Marceline et multiplie les baisers, de
minuscules baisers qui pleuvent. Elle s'étire, comme
prise d'un malaise et vainement se débat sous

l'étreinte triomphante. Par saccades sa gorge gonfle le drap bleu du corsage. Des tiédeurs en émanent qui pénètrent l'amant, font vibrer ses reins et ses entrailles, tendent jusqu'à sa gorge, voluptueusement. Elle ne le repousse plus et s'abandonne. Les baisers secouent leurs épaules. De la robe dégrafée les seins s'érectent et renflent la peau blanche. Il la possède.

Le soleil tamisé par la soie des rideaux épanche une clarté mauve. Marceline, les yeux fermés, la bouche tordue, tressaille, et elle brise les cordons de ses vêtements et elle force les agrafes. Puis nue divinement. Et lui la broie dans son étreinte; il mord ces mâchoires qui râlent.

C'est, avec des sanglots, une lutte cruelle de leurs corps, des embrassements et des chocs comme s'ils se voulaient confondre jusqu'aux moelles. Ils s'aiment infiniment.

Sonnent les argentines heures, rieuses.

Les lèvres de Marceline exhalent une odeur de violette.

Au soir. Un dernier rayon roule dans les ors pâles de la chevelure épandue et les membres épars de l'amante s'ombrent d'ambre.

2.

V

Tous les jours elle vient chez lui pour aimer.

Et cette liaison se raffine de senteurs discrètes de linge sobrement dentellé, sans ostentation de faveurs bleues ou roses.

D'elle, cependant, Paul Doriaste ne possède que l'extérieur ; il en ignore l'intime psychologie. On dirait qu'elle tâche à paraître une créature d'âme banale. Devant les questions qui la sonderaient, elle se dérobe et s'efface. Jamais elle ne compte une aventure marquante qui permette d'induire une croyance sur son esprit. Surtout elle s'offre très bonne. Elle a pour le chroniqueur de simples éloges qui flattent délicatement et pour quelques prosateurs modernes qui la délectent, elle-même se défend de soutenir une opinion littéraire ou artistique. Tout ce qu'il désire, elle l'aime. La vie des boulevards, l'après-midi, l'amuse. Aux courses, la correction anglaise des équipages, les gestes secs des sportsmen, les faces impassibles des Parisiens cachant des angoisses, des joies, des navrances devi-

nables, tout ce luxe de passions et de choses la
captive. Par contre, lui répugne la semi-familiarité
des restaurants ; elle abhorre ces hommes qui la
fixent en mangeant aux tables voisines ou crient
des théories par pose, pour lui plaire. Doriaste
et son mari, c'est là, semble-t-il, ses uniques affec-
tions.

Le mari de Marceline, un noble de légende. Il
fut bénédictin. En 1870 il quitta le froc et s'engagea.
Par ses relations, par son mérite, il atteignit de
hauts grades. Elle qui, jusque leur rencontre dans
un salon, voulait vivre fille, l'aima, l'épousa. Aujourd'hui elle déplore ne pas l'avoir accompagné en
Afrique. Elle prévoit des catastrophes s'il vient à
savoir...

Mieux qu'il ne la connaît, Doriaste s'imagine le
mari, tant elle en parle, et il garde au fond de soi
une respectueuse pitié pour le malheur de ce noble,
qu'il cause.

Maintes fois, la silencieuse Marceline se laisse
glisser près Doriaste et, toute blanche, la figure encadrée par ses lourds cheveux blonds, à genoux sur
le velours violet du divan, elle s'immobilise, les yeux
vagues humant la lumière. Et, dans la pièce mauve,

parmi les vieilles guipures aux tons fauves, sous les
plats de cuivre rouge qui retiennent des lueurs dor-
mantes dans leurs ciselures, la jeune femme apparaît
à son amant comme la frêle réalisation des mystiques
donatrices que peint Memling dans les panneaux de
ses triptyques.

VI

Ils vont, calmes de bonheur, parmi la foule active.
Au loin, l'Opéra assis dans les brumes rosâtres se
révèle encore par les dorures qui, de place en
place, s'irradient. Et la double file des lampadaires
en bronze s'allonge, s'étrécit dans la perspective
crépusculaire.

Paul Doriaste, tout au charme des féminilités
frôlantes, s'abandonne au bercement vague des rémi-
niscentes rêveries. Contre son coude, le sein de sa
maîtresse palpite.

Ils doublent l'angle du boulevard. En teintes
sobres s'harmonisent le miroitement limpide des
étalages, les vêtements des promeneurs, les feuil-

lages des arbres. Par delà les équipages glissent avec la fuite brillante de leurs lanternes, des gourmettes et les luisances noires des voitures. Jusqu'aux mors, les steppers arrondissent leurs jambes grêles.

— Marceline! clame subitement une voix impérieuse.

Le chroniqueur se retourne. Une colère l'a surpris... Mais, aussitôt, il réprime la semonce qu'il voulait servir à l'interrupteur de leur joie. Ce monsieur sec, brun, aux moustaches aiguës, ce monsieur ombré d'un chapeau gris, sans doute, c'est le mari. Il a pris le bras de la jeune femme et, tout bas, il répète :

— C'est votre amant, n'est-ce pas?

Et Doriaste sort à peine de son angoisse hébétée pour livrer sa carte en échange de celle offerte.

Et puis Marceline jetée dans une voiture ; le monsieur parlant au cocher, s'installant, reclaquant la portière ; et le fiacre perdu dans l'enchevêtrement des fiacres ; le chapeau blanc du cocher perçu seul longtemps encore, jusque là-bas, dans le fouillis des fouets minces.

VII

En la bienheureuse caresse des draps frais, Doriaste repose ses membres raidis par trois heures
successives d'escrime. La clarté discrète qui choit de
la veilleuse en verre bleu, pose sur le divan où gît
la chemise de soie qu'il endossera demain matin
pour se battre. Des mélancoliques lueurs.

Et il vérifie par mémoire s'il n'oublia aucune des
courses à faire dans cette circonstance, des emplettes.
Cette affaire lui coûtera encore cent francs. Ses
calculs, qu'il les fasse et refasse, atteignent inévita-
blement ce total.

Jusque la fin du mois il sera contraint à vivre chi-
chement. En somme, il dépensa beaucoup pour cette
liaison : dîners et fleurs, parties de campagnes et
théâtres, voyages et voitures de remise, duel. Il eût
à ce prix entretenu trois grisettes pendant le même
nombre de semaines. Mais que d'heures exquises
passées avec elle, si aimante et si douce ! Elle doit
bien souffrir en ce moment aux amers reproches de
son mari. Cette supposition l'attendrit : toute la

journée il y songea tristement. Marceline s'évoque
en visions délicieuses de charme et de bonté ; et
ces visions se dissipent et renaissent... Ou bien, qui
sait, peut-être, la finaude a-t-elle déjà reconquis
l'époux, et lui la supplie-t-il, en larmoyant, de
l'aimer. Car elle est forte en volonté, même son
amant, jamais ne put connaître ce qu'elle pensait...

Si le mari le blesse elle aimera davantage celui
qui aura *versé son sang pour elle*: et la charmeuse
blonde s'exaltera en faveur de la victime. N'est-
ce pas un premier duel et son auréole de bravoure
qui la conquit. Au contraire, s'il blesse le mari, elle
l'aimera pour son triomphe. Oh ! la logique de-
femmes, comme il la connaît.

Machinalement, sous les couvertures, il refait du
poignet, du pouce, les feintes apprises. Sans doute
l'adversaire aura le jeu sec de l'armée et l'épée
théorique. Par ce dégagé il lui joindra la poitrine,
le ventre par cet autre. Et s'il commet la sottise de
se découvrir par un coupé, on lui ménage certaine.
riposte...

Puis, défile le rappel de ses combats d'honneur,
Cluseret faillit le transpercer il y a deux ans... Si

le mari de Marceline le tuait ? Non, c'est une chose
rare ces accidents. D'ailleurs, il aura mené joyeuse
vie ces cinq dernières années. Que de maîtresses,
mes enfants, que de cocus et quelles noces !...

La mort ? Le nirvana sans doute, le complet repos des phénomènes. Ou, avenir terrifiant, une multitude de petites existences, d'êtres minuscules qui
naissent de la décomposition ; et la mort ce sera la
vie infiniment multiple, avec toutes les douleurs,
atténuées pourtant, et mises au point psycholo-
gique de ces larves. Quelle destinée : des joies et
des désespoirs de microbes !

La mort, est-ce la négation absolue ? L'inconce-
vable, alors ? Car, si l'absolu se pouvait concevoir,
il s'établirait un rapport entre lui et le concevant,
c'est-à-dire que l'absolu serait relatif, proposition
contradictoire. Oh ! stupidité immense des hommes.

Penser que la philosophie officielle raisonne encore dans son ineptie béate, sur l'absolu inconnais-
sable.....

Sonne deux fois le cartel. Il reste encore quatre
heures à dormir ; et le sommeil s'impose absolument
nécessaire pour se trouver dispos le matin. Au reste,
il est très calme, très brave. Une dernière fois Do-

riaste mime dans le vide la botte sur laquelle il
compte. Il s'y peut fier décidément, et, comme il
ne se découvre jamais...

Et il s'estime un très chic type : des amours, des
duels, du talent et une complète indifférence pour
les hochets de gloire.

VIII

Longchamps, le matin. La pluie striant de rayures
fragmentées l'enfilade des tribunes vides. Et la pelouse pâlotte. Doriaste éprouve son épée. Le mari
enlève ses manchettes et, fébrile, ne parvient pas à
boutonner son gant. Il dut souffrir affreusement, ce
noble. Ses yeux paraissent glauques ; ses cheveux
gris sont tout ébouriffés et, dans sa figure, les rides
frissonnent.

Le jeune homme remarque qu'il le gêne à l'examiner ainsi. Lui-même se sent très vigoureux, un
robuste mâle, et il se compare en soi aux héros
écossais de Walter Scott ; et son épée, il la nomme
muettement claymore. Puis, tout entier, l'accapare

3

le soin de prévoir quelles seront les premières pas-
ses. Et les préparatifs ne se terminent pas. Les témoins causent sans agir.

Un léger malaise lui resserre les entrailles et la
gorge. Alors, pour se distraire d'appréhensions
vagues qui, subrepticement, l'envahissent, il s'inté-
resse aux passants matineux, groupés proche. Il y a
un garçon boucher robuste, les hanches enveloppées
de toiles sanglantes, la tête fixe sous une corbeille
grasse. Un hussard, en petite tenue, maintient, par
le licol, deux chevaux dont les yeux noirs roulent
inquiètement. Sur la route, près le moulin, un ma-
raîcher arrête sa voiture et le vent souffle dans sa
blouse que brunit l'averse. Et les témoins : — Allez,
messieurs !

La figure verdâtre du noble perçue à travers le
très rapide cliquetis des armes. Et sa lame qui, sans
cesse se dérobe, et repasse, et remonte, menaçante,
et vue seulement par un reflet mince qui vire.

Doriaste s'encolère impatiemment ; son amour-
propre se blesse à chacune de ses bottes parée. La
sensation d'un coup violent et froid dans le cœur. Et
les tribunes accourent tournoyantes pour l'écraser.
Et du noir. Plus rien, sinon une morsure à gauche.

Naît un calme doux. Vers l'infini, une lueur pâlotte, fulgure, diminue, s'éteint.

IX

..... Dans *le Sphinx*, l'article de première colonne intitulé : *Paul Doriaste*, est encadré de noir.

LE LÉVRIER

I

Depuis la mort de son mari, — il y aura un an vienne la vendange, — la comtesse Diane de Gorde vivait solitaire et inconsolée dans le vieux château tristement assis au bord de l'étang. Servie par des domestiques taciturnes, assistée par son confesseur qui lui prêchait, mais en vain, la résignation évangélique, elle passait sa vie à pleurer son bonheur irrévocablement évanoui, le cœur percé de sept glaives.

De haute lignée et d'une beauté fine de pastel ancien, elle s'était mariée un peu tardivement, à

vingt-quatre ans, au comte de Gorde, beau jeune
homme d'une trentaine d'années, galant à la mode
exquise d'autrefois, amateur enragé de vénerie, vrai
gentilhomme français et point anglomane. Courtisée
plus que toute autre, à cause de son rang et de sa
beauté, la comtesse de Gorde sut par un tact subtil
et une conduite irréprochable décourager la fatuité
des hommes et désarmer la médisance des femmes.

Elle ne cachait pourtant pas, la belle Diane, sous
sa gorge divinement moulée, la glaciale indifférence
pour les amoureuses extases, de son homonyme l'antique chasseresse. Se sentant du sang de bacchide
dans les veines et trop d'orgueil et de dévotion dans
l'âme pour se salir d'adultère, elle préféra tuer
littéralement son mari par ses caresses inexorables.
Ce fut pendant cinq ans une vie d'affres et de délices : les flambeaux de l'amour brûlèrent jusques à
la torchère autour d'un catafalque. Elle le regarda
s'éteindre, le cœur ulcéré de remords, mais impuis-
sante à commander à la rébellion de ses sens. Et lui,
déjà touché par la mort, il revenait encore, un
mélancolique sourire sur ses lèvres pâlies et du
bonheur au fond de ses yeux agrandis par la fièvre,
il revenait, encore et toujours, respirer les lys de ce

corps de déesse, ces lys plus mortels que la fleur du mancenillier. Ainsi par un crépuscule d'automne, comme les feuilles mortes commençaient à tournoyer le long des boulingrins jaunis, il rendit l'âme dans un dernier baiser.

II

Pendant les premiers mois qui suivirent la mort du comte, le désespoir de Diane fut tel qu'on eut à craindre pour sa raison. Peu à peu pourtant sa douleur s'apaisa, et une prostration muette suivit l'exaltation délirante. Avec l'accalmie relative des regrets, la nature reprit ses droits : l'exaspérée fermentation des lancinants désirs se mit à battre de nouveau dans ses veines de femme *chaude*, ses nuits furent hantées par de hideux cauchemars que d'exténuantes mortifications monastiques ne parvinrent pas à exorciser. Souvent, réveillée en sursaut, en butte à des tentations hallucinantes, elle tombait à genoux devant la niche de la Madone, implorant, avec des sanglots, l'absolution de l'inconsciente frénésie qui lui

brûlait le sang, ou bien encore, après avoir erré
comme une apparition désolée par les sombres cor-
ridors du château, elle passait la nuit jusqu'aux
premiers rosissements de l'aube, dans le large
péristyle ouvert sur l'étang où pleurent les sa celles,
debout, son front fiévreux contre le marbre des
colonnades, aspirant avec avidité le vent chargé de
brume. Honteuse, elle se surprenait à convoiter les
bras musculeux des jardiniers ou les mollets charnus
des valets de chambre. Parfois, elle pensait aussi à
se remarier. Alors u .ntôme connu, très pâle, avec
un doux sourire plein de reproches, se dressait
devant ses yeux épouvantés, pour lui rappeler qu'elle
lui avait juré à son lit de mort de ne jamais laisser
souiller sa couche par un autre homme.

Ainsi, l'œil cerclé de bistre, le facies torturé par
de névriques spasmes, elle languissait et s'étiolait,
cette Mimalone condamnée au célibat par un serment
irrévocable.

III

C'était par un après-midi de la fin-printemps. Le ciel, dans la chaleur torride, semblait une fournaise chauffée à blanc ; les libellules maraudaient par les nymphéas des eaux figées, les nids s'égosillaient dans les claires frondaisons ; une langueur amoureuse passait dans l'air alourdi.

La comtesse Diane, mélancoliquement accoudée à sa fenêtre, laissait errer ses regards distraits par la campagne verte. Soudain une scène inopinée attira son attention. Derrière un buisson bas de caryophyllées, Tom et Giselle, ses lévriers favoris, se copulaient librement au soleil.

La comtesse ferma la fenêtre et rentra rêveuse.

Depuis ce jour-là, Tom, le beau lévrier d'Écosse, gorgé de friandises, ne quitte plus sa maîtresse. Diane a presque repris ses fraîches couleurs d'autrefois. Et, lorsqu'elle va, deux fois par jour, orner de thyrses de roses blanches la tombe de son mari, elle s'agenouille et prie, en répétant avec conviction : « Je jure que jamais un autre homme ne souillera notre couche. »

3.

DEUXIÈME SOIRÉE

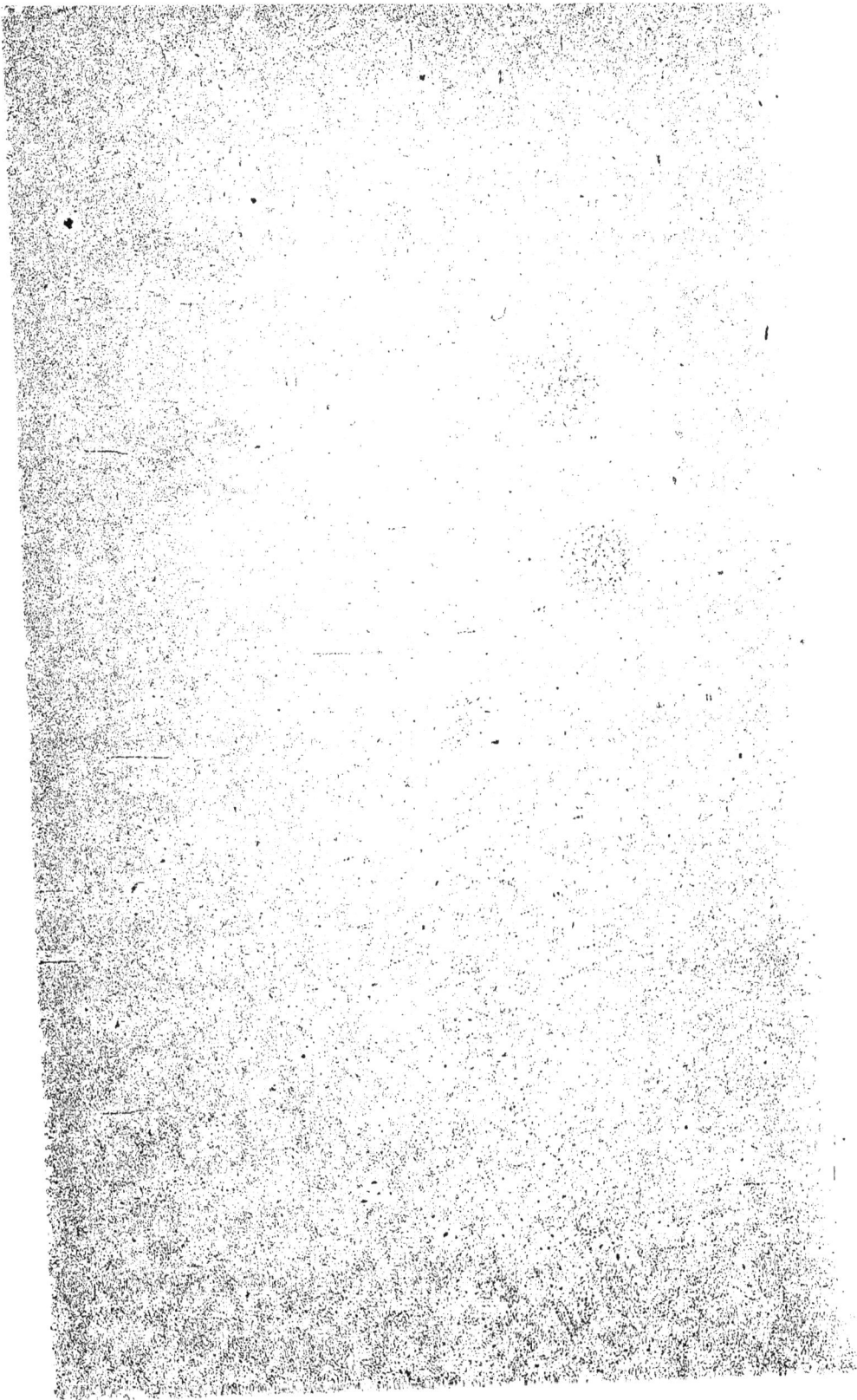

La Haye gris de perle où se fondent les façades closes. Poudroye au zénith la blanche incandescence d'un soleil pierrot. A travers les mirances du lac, cœur de la ville, les maisons doublées à pic se fusèlent vers les aqueuses profondeurs.

Casqué de cuir, la face ronde, bistre et rase, sauf l'unique barbiche en pinceau, un pêcheur offre aux replètes boutiquières des phoques vivants. Et dans les mannes qu'il désigne c'est d'huileuses luisances sur les bêtes oblongues, sur leur pelage de souris, et de petits yeux doux qui s'effarent, et de félines moustaches.

Au fond du landau pers se ploye Miranda gisante,

songeuse : *des formes graciles, insexuées. Elle laisse
pendre au dehors une de ses mains haut gantées de
chamois ; l'autre effile l'ultime mèche de sa natte
blonde, blonde ainsi que du chanvre nouvellement
roui. Et la natte épaisse lui sinue près le cou, près
l'oreille exsangue, minuscule, où pas un bijou ne se
darde. Mais deux saphirs agrafent le col roide de sa
robe en peluche couleur de fer. Et, aux cassures des
plis, l'étoffe émet des lueurs de clair acier. Ce qui la
sertit comme d'une armure jusque son énigmatique
visage éburnéen. N'apparaissent point ses pieds sous
la peau d'ours brun qui, depuis les genoux, la
couvre.*

*Hors la ville. Les juvéniles bouleaux s'érigent
blancs sur le tapis roux des pelouses. Un feuillage
poudrederizé qui de haut, coquettement, et semble
voir, et frissonne. Comme un boudoir aux multiples
colonnes blanches, aux moquettes rousses. Sans
oiseaux. Silencieusement.*

*Dedans. Le Vyverberg. Ses arbres massifs qu'u-
nissent les branches touffues. Le soleil s'y tamise,
choit, macule le sol de taches violettes, d'un violet
violet si peu, mauve presque. Et les maisons rou-
geâtres regardent par les châssis de leurs fenêtres*

blanches ainsi que par des yeux quadrangulaires, des yeux de statue, sans pupilles.

Sous une vitrine de musée, les émaux de Limoges et leur électrique blafardise, et leurs ciels orageux aux tons d'encre écrasée ; plus loin, la canne d'un historique monsieur avec pomme en porcelaine de Saxe.

De Rembrandt : un rayon saure qui glisse dans un temple fantastiquement brun, un rayon saure où se lève la main du grand prêtre en dalmatique d'orfroi, où paraît la Vierge en habit d'azur, et Siméon qui offre un Jésus chair, et saint Joseph porteur de colombes.

Les dunes. De montueuses ondulances blondissantes ; accroupies et rondes comme les croupes d'un bétail gras ; et pressées en un grand troupeau ; innombrables.

La mer. L'immense nue ; et qui bave. Dans sa peau d'argent des madrures s'étalent émeraude, comme des prés ; où parfois surgissent des crêtes savonneuses qui vont et s'épanchent.

Et par-dessus s'incurve le firmament, la toujours incommencée page blanche.

Miranda descend. Aux bras de ses chers initiés elle

s'appuye et ses lèvres rosâtres sourient à la fraîcheur
bruissante de l'air; et ses sourcils broussailleux, pâles,
se froncent à la gifle salée de l'embrun. Elle dit. Sa
voix de l'Ailleurs, très basse, domine la grondante
mer.

« — Il me plaît que ci nous seyons et que nos yeux
se prélassent à contempler cette bouillonnante folle
qui veut sortir toujours d'elle-même, s'efforce et ne
peut ... l'humaine! tandis que vous me lirez des
contes dans le blanc Eucologe. Voici que je vous ai
conviés à la symphonie des septentrionales blancheurs. »

Et c'est la transfiguration blanche des choses. Un
illuminement s'élève à l'extrême limite des flots ; et il
s'épand. En toutes les teintes il s'immisce et transpa-
raît. Même les brumes gris de perle, vers la ville, il
les gouache de blancheurs lactescentes. L'écume des
vagues semble des éclaboussures de craie, et des lueurs
blanches se glissent aux flancs rebondis des barques
goudronnées, aux rondeurs des vergues et des mâts.
Elles posent lourdes sur les cornettes empesées des
matelotes ; elles ternissent l'argent qui brille au loin
étendu sur la nappe de mer ensoleillée.

Parmi les maisonnettes de plaisance construites en

*bois dans les dunes et dont les maigres jardinets
s'étiolent derrière les paillassons qui les protègent des
sables, il se présente une demeure basse, à péristyle.*

*Miranda pousse la barrière de bronze ouvragé, et
aux fleurs marcescentes du minuscule parterre elle
laisse un pitoyant regard.*

*L'intérieur de l'unique salle tout en sapin vernis
qui mire comme une laque. Miroir froid et sombre,
aux perspectives crépusculaires où s'étrécissent les
profils des êtres.*

*Des fourrures blanches, blanches et grises de
monstres polaires cachent le plancher. Les pas y
plongent. Une portière de velours blanc lamé d'argent tombe et se plisse pleine d'ombres bleuissantes.*

*Du côté de la mer ce n'est qu'une glace sans tain
encadrée de soie neige. Et sur des tréteaux de sapin
vernis, des fourrures encore, des lits de fourrure pour
le repos.*

*Miranda retire ses gants qui tombent ainsi que des
oiseaux tués ; et gisent.*

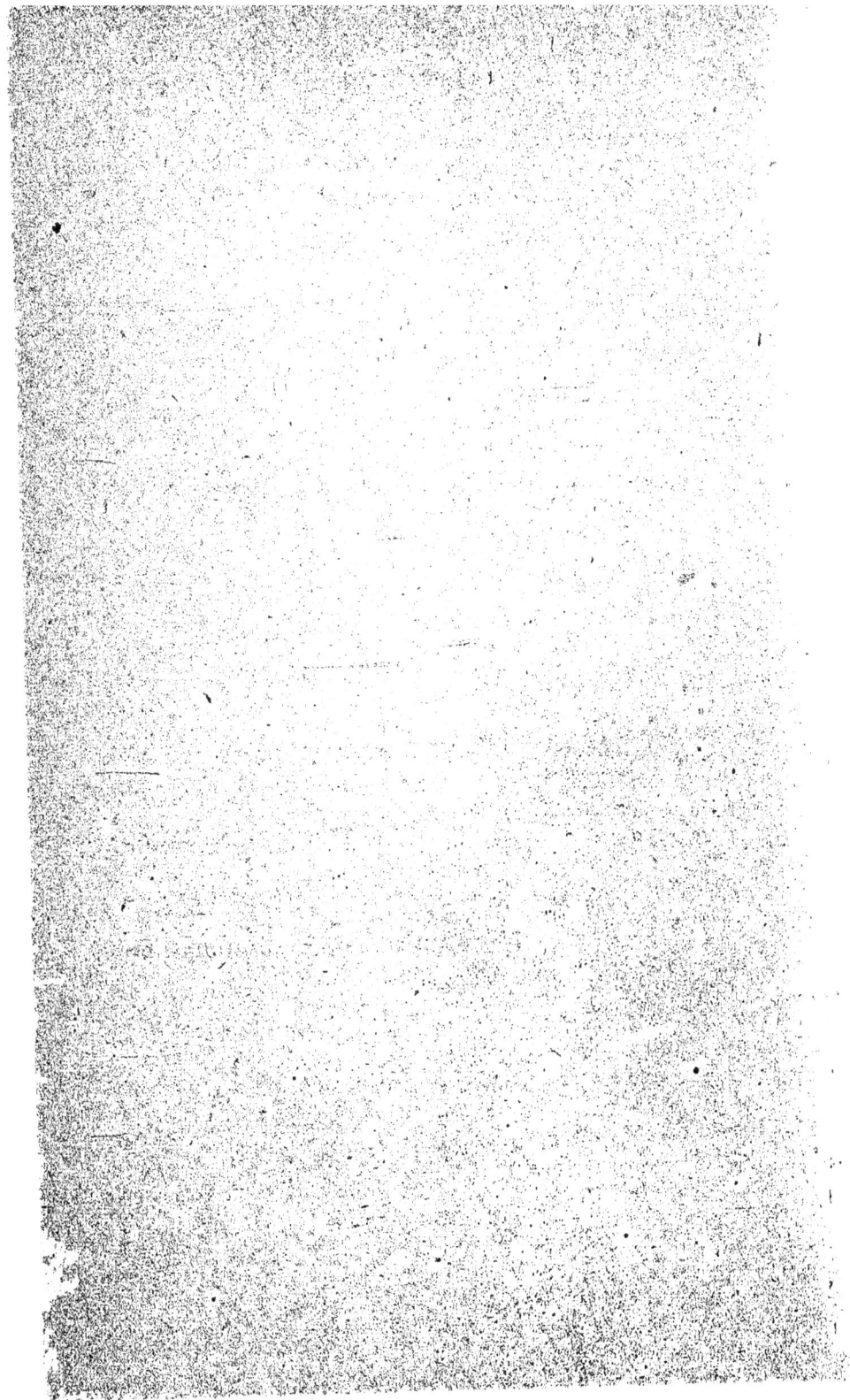

LA FAËNZA

I

ELLE se faisait appeler, dans le monde de la
haute noce, du nom italianisant de la
Faënza, à cause de son teint qui semblait
bruni par le soleil de Naples et de ses larges prunelles noires qui vous assassinaient, au coin des
carrefours, comme des escopettes dans les fourrés
des Abruzzes. Elle était née pourtant dans le dé-
partement de l'Indre-et-Loire, où on la maria âgée
de seize ans à peine à un certain Verdal, avoué

honorable et quinquagénaire, qui la laissa, au bout
de quatorze mois de mariage, veuve avec un petit
garçon sur les bras et dans une situation de fortune
très problématique. Quelque temps après, lasse de
cette vie de province triste et monotone, hantée
par des rêves de luxe et de jouissances faciles, elle
se laissa emmener à Paris par un sous-préfet dé-
gommé, qui bientôt l'abandonna pour épouser la
fille d'un riche marchand de la rue du Sentier.

Comme ses vingt ans venaient d'éclore, que ses
grands yeux piquants emportaient le cœur, que sa
chevelure, sans lui battre les talons, lui devait bien
descendre plus bas que les hanches qu'elle avait
rondes et dansantes, les occasions de jeter le peu
de bonnet qui lui restait par-dessus les cabarets à
la mode, ne lui manquèrent pas. Elle fut tout de
suite cotée très haut à la Bourse de la galanterie,
et les respectables baronnes, qui font si fructueu-
sement la traite des blanches au nez et à la barbe
de la police, lui proposèrent des affaires d'or.
Bientôt tout pacha fuyant la pendaison, tout boyard
en train de manger ses terres, tout rastaquouère et
tout philosophe du tapis vert ayant quelques pré-
tentions au respect de ses contemporains, brigua

l'honneur de déposer des poignées de louis sur le marbre rose de la cheminée de sa chambre à coucher. Elle eut son hôtel tout comme une actrice à *onze cents* francs d'appointements, des valets en culotte courte et des cochers d'une obésité invraisemblable.

Alors commença pour la belle Faënza une période de splendeur qui dura plus de dix ans. Ce fut l'histoire banale de toute jolie fille tombée sur le pavé parisien avec très peu de scrupules et beaucoup de poitrine. Elle eut des toilettes ruineuses, des chapeaux extravagants, des étoffes orientales à faire loucher un shah, dans son salon, et dans son boudoir, des glaces de Venise bordées de pierreries pour y admirer la chute majestueuse de ses reins. Elle eut même de l'esprit, de cet esprit soi-disant parisien qu'on trouve en suçant des écrevisses dans l'atmosphère fade des cabinets particuliers. Les jeunes pschutteux, avides de gagner leurs éperons, et les vieux viveurs, jaloux de leur renommée conquise, se disputaient la gloire de payer ses notes de couturier, ses villas à Nice et ses cottages en Normandie. Bref, au milieu de toutes ces griseries de la victoire, elle doubla, sans s'en douter, l'époque

lamentable des rides opiniâtres, des dents bran-
lantes, et des cheveux qui s'en vont tristes comme
les feuilles d'automne. A vrai dire, elle avait pleine-
ment le droit de ne pas s'en douter, car, malgré
ses trente-quatre ans, sa peau était parfaitement
lisse et marmoréenne, ses dents d'une blancheur
insolente, et, de sa charmante tête de vierge du
Giorgione, tombaient des cascades de cheveux capables de défier les peignes les plus meurtriers.

On se souvient que la Faënza avait un fils de son
mariage. Cet enfant fut élevé par une vieille tante.
Sa mère le vit une seule fois à l'âge de huit ans,
puis elle ne s'occupa de lui que pour envoyer quelque
argent et des lettres pleines de cette fausse senti-
mentalité commune aux filles. La vieille tante,
voulant cacher au fils la conduite de sa mère,
l'avait fait engager dans un régiment d'Afrique, où
il était à dix-neuf ans sous-officier. S'étant dis-
tingué lors de la dernière insurrection, il obtint la
médaille militaire, mais par malheur ses blessures
l'obligèrent de quitter l'armée. A cette nouvelle, la
Faënza se sentit prise d'une subite et incommensu-
rable tendresse maternelle, et elle résolut de renoncer aux douceurs de l'amour salarié pour con-

sacrer le reste de son existence au bonheur de cet enfant abandonné. Après avoir vendu son hôtel, ses bijoux et ses attelages, elle se retira, en Touraine, dans une propriété offerte jadis par un député de la droite. Voilà comment la belle Faënza redevint Madame Verdal, veuve d'un honnête avoué, mère de famille exemplaire, dame pieuse et charitable.

II

Philippe était un beau jeune homme de dix-neuf à vingt ans, à la moustache fine, avec une taille de demoiselle, et des yeux de colombe. Ne se doutant guère du passé de sa mère, qui inventa mille ingénieux mensonges pour lui expliquer leur trop longue séparation, il se mit à l'adorer avec toute l'ardeur d'un cœur resté fermé jusque-là aux expansions familiales. La Faënza, de son côté, était littéralement folle de son fils, de son beau Philippe.

La propriété où l'ancienne courtisane résolut d'expier ses péchés mignons était une charmante

villa aux contrevents verts autour desquels cou-
raient comme des reptiles les volubilis et les capucines au calice sanglant. Un petit bois croissant
à l'aventure l'enveloppait du mystère exquis de ses
ombres fuyantes. Dans le recoin le plus obscur,
sous le parasol d'un grand polonia, les gazouillis
des piverts se mêlaient au tintement de l'eau que
l'urne d'une nymphe versait dans le petit bassin de
marbre rongé de mousse et de jaunes lichens.

La mère et le fils menaient là depuis plusieurs
mois une vie douce et paisible. Ils avaient l'un pour
l'autre des petits soins frisant parfois le ridicule,
des tendresses excessives entrecoupées de feintises
de bouderie. La Faënza avait complétement oublié
son existence d'autrefois : les tribunes des courses
et les baignoires des petits théâtres, les cavalcades
dans les Pyrénées et les parties de yacht à Trou-
ville, les grands dîners dans son splendide hôtel du
parc Monceau, et les petits soupers au cabaret, où
les carafes de champagne et les chartreuses de
toutes couleurs rendaient les inénarrables boudinés
plus bêtes que nature. Elle avait même fini par se
figurer très sincèrement avoir été toute sa vie une
sainte femme.

Cependant, malgré toute leur tendresse mutuelle, l'intimité, cette intimité franche et pleine d'abandon, entre la mère qui a fessé son enfant et l'enfant grandi sous les jupes de sa mère, ne venait pas. Et c'était naturel. La Faënza avait vu son fils, depuis sa fugue avec le sous-préfet, une seule fois comme on sait, à une époque où l'enfant n'était encore qu'un moutard. Elle le revoyait tout à coup grand jeune homme avec des moustaches terribles et une balafre martiale sur la tempe. Pour le fils, la mère était une étrangère, on aurait pu dire qu'il la voyait pour la première fois. Après cela, on s'expliquera facilement pourquoi se surprenaient-ils par moment à se dire *vous*, à avoir dans leurs relations des réserves incompréhensibles et des politesses inutiles.

Madame Verdal avait dépouillé la Faënza, l'hétaïre était définitivement morte en elle. Sa toilette fut sévère : des robes de soie noire avec garniture de jais. Très peu de bagues et des boucles d'oreille d'une ravissante modestie. Elle adopta pour coiffure les bandeaux plats et eut pour tout fard l'honnête poudre de riz. Avec une pareille conduite et des rentes très sérieuses, on s'imagine que les voisins de

4

campagne ne pouvaient pas lui refuser leur estime.

Parmi les belles relations de l'ex-courtisane, il faut placer, au premier rang, la famille Mouflet, composée du papa Évariste Mouflet, ancien notaire, provincial insipide atteint d'une manie incurable de calembredaine ; de la maman Olympe, femme honnête et respectée, qui n'avait eu pour amant que les trois ou quatre clercs de son mari, et de leurs trois filles, pas mal tournées, ma foi, pour des filles de notaire.

Mademoiselle Clémentine surtout, l'aînée du couple Mouflet, eût été même fort bien de sa gracile personne, sans ces odieuses robes de vigogne caca d'oie sorties de la boutique de quelque Worth de sous-préfecture. Deux grands yeux effarés sous un casque de cheveux d'un châtain convenable ; avec ça, une gorge de dix-sept ans qui avait l'air de vouloir tenir ses promesses.

L'ex-courtisane et la famille du notaire allèrent souvent les uns chez les autres pour prendre des tasses de thé, jouer aux jeux innocents et fausser quelques airs d'opéra sur des pianos plus ou moins mal accordés. Philippe, qui n'avait pas appris à être difficile en matière de toilette dans ses chasses au

Kroumir, trouvait fort à son goût la robe vigogne
de Mademoiselle Clémentine, tout en lui préférant
les trésors qu'elle cachait. Mademoiselle Clémentine, de son côté, ne se sentait pas une insurmon-
table aversion pour les moustaches brunes. Inutile
de dire que le couple Mouflet découvrait tous les
jours de nouvelles qualités au fils unique d'une
mère jouissant d'une rente de cinquante mille livres.
On se faisait donc la cour honnêtement, sous les
yeux de la Faënza, qui ne se doutait de rien.

Un soir de juillet, la famille Mouflet se trouvait
réunie au grand complet, dans la salle à manger de
l'ex-courtisane. Après quelques polkas tapotées
par la cadette et des propos oiseusement échangés,
le tabellion proposa, vu la chaleur insupportable de
l'atmosphère, une flânerie sous les frondaisons ra-
fraîchissantes du jardin. Toute la société accepta
avec empressement.

La soirée était superbe. La pleine lune brillait
comme un louis d'or fantastique dans un ciel sans
nuages. Ils se dispersèrent par les allées où s'allu-
maient parfois, dans la mousse, des vers luisants.

La Faënza cherchait son fils depuis quelques
minutes, lorsqu'elle crut distinguer dans le recoin le

plus sombre du jardin, sur un banc de pierre, deux ombres enlacées. Elle s'arrêta, aux aguets. On aurait dit vraiment qu'un bruit de baisers se mêlait au clapotis de l'eau tombant dans les vasques de marbre. Retenant son souffle, elle avança jusqu'au banc de pierre, derrière une haie de rosiers rouges. Son fils Philippe était en train de murmurer les choses les plus douces à l'oreille de Mademoiselle Clémentine.

Alors un sentiment étrange envahit le cœur de l'ex-courtisane ; elle eut un moment de vertige, puis ses prunelles se dilatèrent et, suffoquée de colère, se dressant de toute sa hauteur devant les pauvres amoureux complétement ahuris, elle apostropha Mademoiselle Mouflet en des termes virulents :

— Elle était vraiment bête pour ne pas s'être aperçue depuis longtemps qu'on venait là pour lui voler son fils. Avec ça qu'elle donnerait son argent pour nourrir un notaire taré et ses traînées de filles. Et la mère Mouflet donc, une pas grand'chose qui couchait avec ses domestiques ! Tout le monde le savait dans le pays. Ils feraient bien tous ces panés de ne plus mettre le pied chez elle, elle les flanquerait à la porte à coups de balai...

S'oubliant complétement dans sa colère, Madame Verdal redevint la cascadeuse d'autrefois et accabla la famille Mouflet accourue au bruit de la dispute des plus ordurières invectives.

M. Mouflet emmena sa femme et ses filles mortes de peur, après avoir répondu par une tirade indignée.

Philippe se tenait debout, les yeux hagards, ne comprenant pas.

La Faënza rentra chez elle dans un état d'exaspération indescriptible. Elle pleura, sanglota, se roula sur le tapis, la bave aux dents. Puis, se levant soudain, elle se mit à embrasser son fils à pleine lèvre, en riant comme une folle.

IV

Après une bouderie de quelques jours la mère et le fils se réconcilièrent avec un regain de tendresse. Et ce furent tous les jours de longues promenades à travers champs d'où l'on revenait pareils à des amoureux de la veille, avec des touffes de genêts

4.

plein les mains. Le matin, ils partaient des heures
entières à cheval, sous bois, et le soir par les clairs
de lune romantiques, ils allaient rayer en canot les
eaux calmes d'un étang voisin. Chose curieuse !
Depuis l'aventure du jardin, un changement notable
s'opéra dans les habitudes de la Faënza. Brisant avec
l'attitude sévère adoptée depuis sa conversion, elle
jeta aux orties le froc inélégant de la femme honnête pour arborer de nouveau les étoffes ruineuses
aux couleurs voyantes, les chapeaux aux plumes
d'autruche et les gants de peau de daim très mon-
tants. Les bijoux dont elle n'avait pas voulu se
défaire, furent retirés de leurs écrins de velours
grenat pour parer ces mains longues et fines et son
cou royal. La poudre de riz ne suffisant plus à son
embellissement, elle s'est souvenue des fards subtils
et des aromates précieux qui donnent la jeunesse.
Elle eut des soins particuliers pour la toilette des
dessous dont elle savait toutes les perfidies : des
dentelles anciennes sur des chemises de soie, des
bas rose pâle à bouffettes où les diamants dardent
les feux de leurs facettes. Le mobilier modeste de sa
chambre à coucher et de son boudoir fut complète-
ment changé. Se ressouvenant du faste excitant de

son alcôve de courtisane, elle s'entoura de meubles
bas et moelleux qui enlacent comme des bras
voluptueux, de tissus syriens, de tapis de Karamanie
et de peaux mouchetées de tigre où frétillent les
pieds nus tendus aux baisers vibrants. Des parfums brûlèrent continuellement dans des casso-
lettes aux riches ciselures et des brassées de roses
blanches mêlèrent leur dernier souffle aux tiédeurs
des troncs d'arbres crépitant dans la haute cheminée.

La toilette de son fils l'occupait aussi énormément.
Elle disait : ça n'est pas chic, ou, ça t'habille bien ;
cette redingote fait des plis dans le dos, ou, ce ves-
ton te sangle bien. Elle lui faisait la raie et lui passait ses moustaches au cosmétique tout comme à ses
amants de cœur du temps qu'elle était entretenue
par des financiers obèses.

Parfois, le soir à des heures indues, elle l'appe-
lait dans sa chambre à coucher, et là, aux clartés
vacillantes des bougies roses, son corps sculptural
à peine abrité par la chemise de batiste aux échan-
crures hardies, se campant d'aplomb devant la haute
glace de son armoire en bois des îles et faisant saillir
ses seins éblouissants et la courbe insolente de ses

reins de statue elle disait à son fils, avec des regards
incitants :

— N'est-ce pas que je suis belle encore ! N'est-
ce pas que tu serais fou de moi si je n'étais pas ta
mère ?

Puis elle riait aux éclats en faisant scintiller la
splendeur éburnéenne de ses dents de fauve. Non-
chalante, enlaçante, onduleuse et féline, elle venait s'asseoir sur les genoux de Philippe, qui, la
rougeur au front et de la luxure inconsciente dans
l'œil, osait à peine la regarder. Après avoir pendant
quelques minutes tortillé les moustaches de son fils,
baisé ses lèvres pâlies et ses cheveux soigneusement
calamistrés, elle se roulait sur la peau de tigre qui
lui servait de descente de lit, croquait quelques bis-
cuits, vidait d'un trait un verre de porto, puis d'un
bond de gazelle s'élançant sous les draps bordés de
points d'Angleterre, elle fermait délicieusement ses
paupières lisses aux cils longs et frisottants, disant
avec un léger remuement de lèvres :

— Allez vous coucher, monsieur, il est tard et
j'ai sommeil !

Quant au pauvre petit cœur de Philippe et à ses
nerfs révoltés, leur tranquillité était définitivement

troublée. Il partait souvent, avant l'aurore, sur des chevaux rétifs, par les plaines, sans trop savoir le but de ses courses aventureuses, ou il allait tirer les canards sauvages pendant des journées entières dans des marais typhoïdes. Inquiet, fantasque et irritable, il cherchait depuis quelque temps des motifs ridicules de fâcherie à sa mère, disant que cette vie d'oisiveté finissait par l'exaspérer, que c'était honteux pour un jeune homme de son âge, qu'il retournerait au régiment *pour sûr !* Puis, c'é- taient des scènes attendrissantes, des larmes, des pardons implorés, des protestations d'amour filial suivis de longues caresses et de baisers pâmés sur la bouche.

V

Ce jour-là, ils avaient dîné — une fantaisie de la Faënza — dans le petit boudoir tendu de satin mauve. Un triste crépuscule pâle filtrait à travers les vitres de l'étroite fenêtre. La Faënza avait dit : N'allumons pas les bougies, cette pénombre est bien

douce. Lui s'était tu avec un sourcillement vague.
Des senteurs de magnolia flottaient dans l'air épaissi.
Elle alluma une cigarette de dubèque, lui sa pipe
de troubade. Près de dix minutes s'écoulèrent dans
un silence embarrassé.

La Faënza, sans détourner la tête, dit :

— Vous êtes soucieux ?

— Non.

Quelques minutes de silence encore. Soudain,
raidissant ses membres dans un effort suprême, la
Faënza tomba sur les genoux de son fils et, l'enlaçant
furieusement, elle lui dit presque sur les lèvres :

— Philippe, tu ne m'aimes pas !

Il baissa la tête sans répondre. Alors, elle se leva
d'une secousse brusque, marcha fiévreusement par
la chambre ; puis, s'arrêtant net, elle dit d'une voix
sourde :

— Oh ! mon Dieu, que c'est affreux ! Il faut que
ça finisse. Écoute-moi, Philippe ; tu le vois, tu le
sens, je t'aime ; et ce n'est pas l'amour d'une mère
que j'ai pour toi, mais d'une femme éprise, d'une
maîtresse, entends-tu ? Oh ! oui, je te veux et tu
seras à moi !

Elle ricana comme une insensée, puis elle reprit :

— Je suis ta mère; après ? la belle affaire ! Est-ce
que je te connais, moi? Je t'ai vu à sept ans une seule
fois; tu es un étranger, un joli garçon, et tu m'as
tourné la tête... Avec ça que tu ne me désires pas,
toi ! Mais regarde-moi donc, je suis belle comme à
vingt ans ! Ah mais, il y a la morale. Oh ! la morale !
Je m'en moque ! D'ailleurs tu ne sais pas, ta tante
t'a tout caché... j'ai été... entretenue, j'ai été...
cocotte, comme on dit ! Tous mes biens, tes biens
viennent de là... Tu n'aurais pas le droit de faire le
scrupuleux. Nous sommes dans la boue, Philippe,
restons-y...

Il la regarda stupéfait. Elle continua, de plus en
plus surexcitée :

— Tu m'as vue en chemise, tu sais que j'ai une
poitrine superbe que des princes payeraient au poids
de l'or... Nous allons être heureux, mon Philippe.
Veux-tu ? Oh ! je t'aimerai va, et nous mourrons
ensemble... d'amour...

Elle se rua sur son fils avec des gestes de Ménade,
et, l'emportant dans ses bras nerveux, elle se roula
avec lui sur la chaise longue, lui soufflant au visage
la griserie de son haleine. Il se sentit perdu dans un
anéantissement voluptueux. Puis, soudain, se déga-

geant de cette étreinte dans une crispation déses-
pérée de sa volonté, debout et roidissant le jarret,
il regarda autour de lui avec des yeux hagards.

La Faënza absolument hors d'elle se rejeta sur
son fils. Alors, les traits contractés, la bouche
effroyablement crispée, Philippe saisit un poignard
japonais dont la lame effilée brillait sur un guéridon
aux plaquis bizarres, et la frappa violemment au
cou.

Elle tomba sur le tapis, sans un cri, en perdant
des flots de sang.

EN GARE

NCORE quatre minutes.

Le brigadier glissa sa montre d'argent entre deux boutons ; l'autre gendarme se leva, balancé par le mouvement du train, forcé à se maintenir contre le matelassage du compartiment. Au prévenu, le professeur Lucien Tordrel, cette annonce de la gare proche fut un soulagement. Douai, la cour d'assises, cela voulait dire la fin de la détention préventive, des angoisses. Il résume en lui-même son plaidoyer, il reprend les phrases chefs qui en seront les points de repère. Amplement construites à la manière de Bossuet, elles résonneront puissantes sous le plafond sonore des grandes salles

5

judiciaires. Elles diront d'abord la passion folle pour
Alice, l'élève riche, les hardis espoirs du répétiteur
pauvre, ses respectueuses timidités. Alors les périodes
narratives iront amollies avec des tendresses dans
les substantifs, des émotions dans les épithètes à'
la Zola, genre *Faute de l'abbé Mouret.* Lucien
Tordrel s'imagine déjà les débitant, pâle, droit dans
sa redingote sévère, blanchie d'usure. Et il égarera
ce geste lent vers l'auditoire, pour les dames.

Quant aux jurés, des parvenus, enfants de leurs
œuvres, eux aussi, ils sympathiseront à ses obliga-
toires humilités de pédagogue misérable. Là, des
amertumes, deux ou trois propositions mordantes à la
Vallès. — Sur l'enlèvement, peu de chose. En quelques
mots très simples, concis, il s'avouera coupable :
il appuiera ironiquement sur le terme technique
« détournement de mineure » en homme qui
estime la justice humaine une stupidité inévitable
comme les averses imprévues ou... la chute bête
d'une tuile sur un chapeau neuf. — Pour le reste,
la fin du plaidoyer, du Proudhon, rien que du Proudhon, du Proudhon de toutes les œuvres. Ce passage débutera par une croquade magistrale de la
société actuelle : « une moisissure. » Il flétrira la

réprobation hypocrite des amours libres; et alors
s'élèveront les grandioses prosopopées de la Prosti-
tution et de l'Adultère. Et tout se conclura par un
dilemme, le fameux dilemme, un dilemme triomphal
posé avec une fatigue dans la gorge, en approchant
le mouchoir des lèvres par un geste automatique,
quasi-somnambulesque.

Certes, Tordrel ne laissera pas à l'ami Peyrebrune
le soin de sa plaidoirie. Cet avocassier sans talent
bafouillerait en d'obscures chicanes. Une condam-
nation d'ailleurs serait profitable : l'affaire s'ébruitera,
la presse reproduira sa défense ; il entrera dans le
journalisme par la grande porte. Avenir superbe.
Et il achèvera *les Veules*, des poésies. Ce livre le
posera, l'enrichira. Alice partagera avec lui la gloire,
le bien-être, elle qui a tout sacrifié, famille, répu-
tation pour son amour. Peut-être sera-ce un asservissement pénible : traîner partout cette femme avec
soi ? — Mais non : elle se montre intelligente et
dévouée.— A quand les délices des premiers revoirs
et les frémissements infinis de leurs chairs nues ?...

Après une succession de sourds tamponnements
le train pose. Le brigadier se penche à la portière,
puis il prévient Tordrel :

— M. Peyrebrune est là.

Peyrebrune, le grand Peyrebrune, l'homme aux favoris blonds se précipite, serre la main de son ami, criant :

— Excellentes nouvelles, mon cher, une ordonnance de non-lieu.

— Comment ?

— Eh ! oui. La petite Alice a couché avec Bergelette, avec de Bovardy, tu sais, le lieutenant de chasseurs, le pschutt du pschutt. Dans la perquisition on a trouvé des lettres d'un brûlant, d'un incendiaire ! tu n'as pas idée...

Et il narre toutes les démarches faites par lui pour obtenir cette perquisition. Il parle, il parle, fier de son succès.

Lucien Tordrel sourit par contenance.

Aux premiers mots qui anéantissaient l'arrangement de sa vie, son unique passion, il s'est senti hors les choses, très loin de tout, dans un abandon. Les racontars prolixes de l'avocat sur les cascades de sa maîtresse l'abrutissent, lui tuent l'avenir. Parfois il proteste : « Allons donc ! » aux débauches trop invraisemblables. Et bientôt il n'écoute plus, les paroles de son ami lui semblent adressées à un autre.

Cependant dans sa poitrine, dans ses membres un énervement s'exaspère, rapide. Pris de rage, il projette :

— Sacrée garce !

Et un spasme le secoue des pieds aux mâchoires, se vient loger là, dans les dents qu'il maintient serrées. Tordrel se navre du discours et du travail perdus, puis cette désespérance, à la suite d'un pareil scandale, il ne pourra plus donner de leçons. La misère alors ; ou bien, après le triste voyage par les océans mornes, la classe faite aux négrillons là-bas, entre quatre murs blanchis, loin de l'art, de la célébrité, irrémédiablement.

Mais ces images très vite se dissipent. Il ne pense plus qu'à elle, à son air languissant, à son enfantine moue. D'autres maintenant possèdent cette chair d'amante. Dans les garnis d'officiers, tendant sa bouche aux moustaches aiguës, il la voit, et il souffre de chaque pose qu'elle a dû prendre, de chaque membre qu'elle a découvert, impudique... soûle d'après les dires... Elle se dessine moqueuse devant son regard, sur la bielle terne de la locomotive, dans l'eau qui pisse dru de la chaudière, elle éclate de rire avec le grésillement d'un charbon qui choit, s'éteint.

Une rage envahit Tordrel. Il lui pousse des envies de meurtre. Et toujours la vision acharnée d'Alice se laissant trousser les jupes.

Peyrebrune conte sans fin. Une histoire d'auberge, maintenant, où elle a été surprise.

Lucien pense : Elle retira son corset en dégrafant le busc par le bas ; et sur le ventre, la chemise toute plissée apparut avec les seins pointant au-dessus. Une odeur de propre, d'élégance s'est émise et, dans cette chambre qu'il se représente toute imprégnée d'elle, il ne se trouve pas, lui. Elle, bête en rut, se livre aux embrassements d'un monsieur gêné et content de soi.

La poitrine de l'amant s'enfle et s'affaisse avec une douloureuse précipitation. De mauvaises sueurs le baignent, fluent de sa nuque le long du dos. Ses articulations se contractent en un ramassis, en un tassement de nerfs, en une tension de rage pour quelque effort énorme.

— Sacrée garce !

Ça le soulage ces *r* qui sifflent entre ses mâchoires serrées. C'est un peu l'épuisement de cette inutile contraction qui l'étreint, torturante.

En lui-même, un drame si vivant se joue que le

monde externe lui semble factice, artificiel, arrangé : la verdure, terne ; les arbres, bleus comme dans les antiques paysages ; le ciel, une lumière fausse, chimique ; le mâchefer de la voie, un peinturlurage noir ; les rails, des traits de plume ; les tunnels, une bâtisse de carton, un jouet.

Et il s'efforce à tendre ses idées ailleurs, à fuir l'épouvantable fantôme de sa maîtresse pâmée sur un divan sale près un noceur en joie.

— Sacrée garce !

Ensuite il s'attarde à lui deviner des tares, à la trouver laide pour se bâtir un motif d'indifférence. Des taches rousses lui maculaient la gorge, le visage ; son front avait des rides ; mais ses yeux, mais ses hanches, mais ses lèvres, ses lèvres dans la moustache du soudard !

Peyrebrune conte encore. Sous l'immensité vide du hangar les moineaux batailleurs volètent, pépient. Il résonne un cliquetis de clefs, le roulement d'un chariot à bagages et, continue toujours, l'activité agaçante de la sonnerie électrique.

TROISIÈME SOIREE

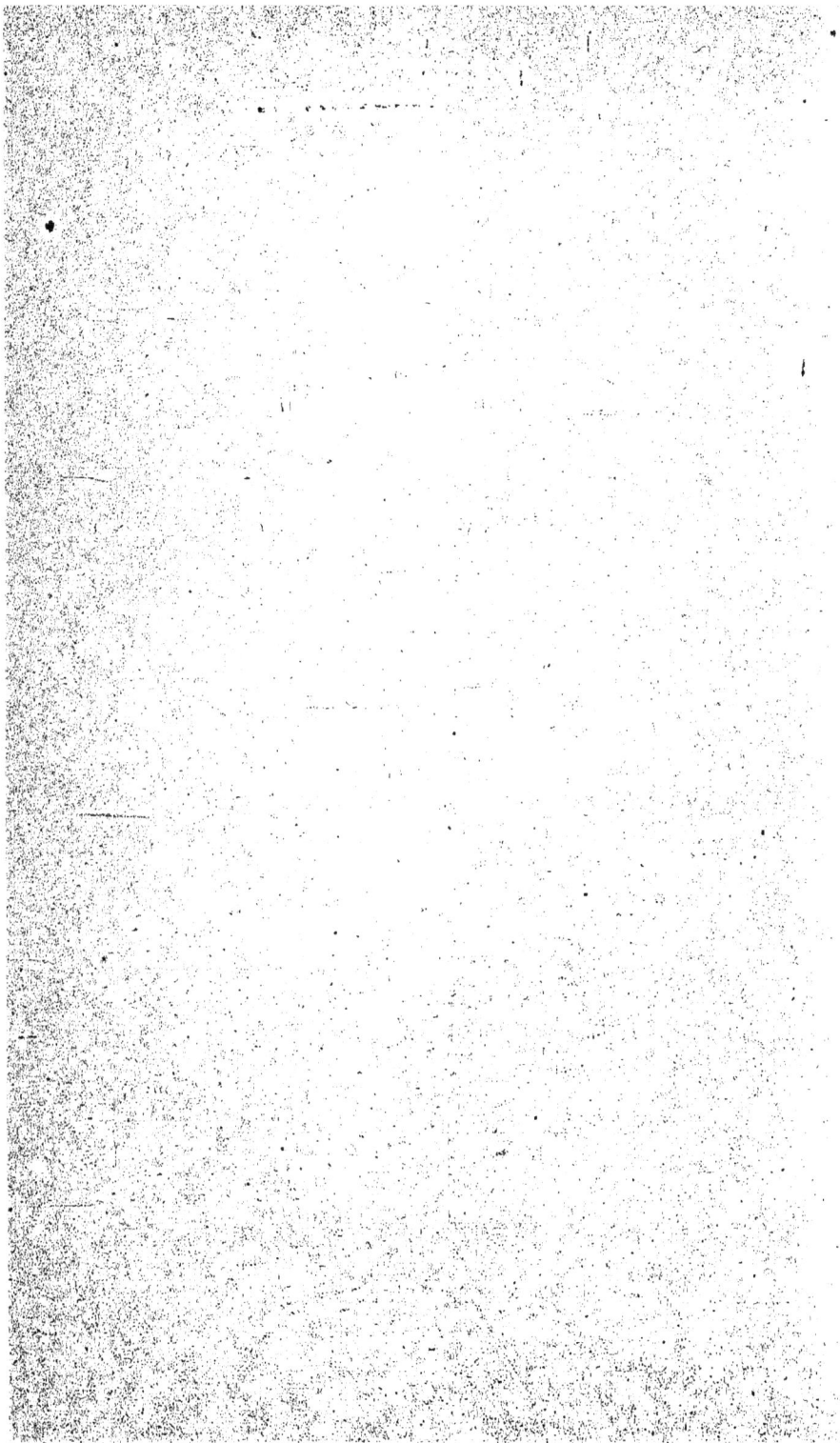

Au couchant, devers la « Roche du Dragon », un dernier sillage ocre et crête de coq. Puis la nuit sur les aulnes, les barques amarrées, l'eau virante et métallique.

La terrasse est en surplomb sur le fleuve qui la mine.

Incitatrice et muette rampe l'ombre. Sur la rive et sur l'eau rampe l'ombre incitatrice et muette.

Des fredons là-bas :

> Fliesse, fliesse, lieber Fluss !
> Nimmer werd'ich froh !...

Un bateau remonte vers Cologne.

Mélancolique le limbe de son fanal en l'eau virante se brise.

Mélancolique le son fêlé de sa cloche contre les échos des combes se brise.

La terrasse est en surplomb sur le fleuve qui la mine.

Des fredons là-bas :

> So verrauschte Scherz und Kuss,
> Und die Treue so!...

Incitatrice et muette rampe la nuit.

Des fioles de vin du Rhin encombrent la table de noyer.

— Voici notre thé, cette vesprée, dit Miranda en remplissant les coupes dichromes à tige grêle.

CRESCENDO

MI

Satisfait d'avoir vécu sans ennui les jours de sa permission, et tracassé pourtant de son retour à la caserne, Gustave Prescieux pénètre dans la gare et s'achemine par les groupes de voyageurs qui causent.

Sous les arcades de fer très hautes, roulent les chariots à bagages et bourdonnent les recommandations dernières ; parfois claque le bruit humide d'un baiser. Et la sensation d'un vide point le jeune soldat, la navrance d'être seul parmi la foule, sans un camarade pour les adieux.

Même l'ami Léon a repris son travail le matin, malgré les fatigues de leur nuit noceuse. Alors la vision reparaît des filles qu'ils pilotèrent ensemble à la Boule-Noire, Augusta et Clémentine, deux belles brunes très drôles et pas rapaces. Afin de perpétrer cette fredaine, Gustave a quitté son père vingt-quatre heures plus tôt que ne le contraignait son ordre de route. Maintenant, de cette vigoureuse débauche, de cette manifestation virile qui l'enorgueillit, seuls les déplaisants souvenirs le hantent : le tenace rappel d'une tare scrofuleuse en sillon sur le cou d'Augusta. A peine, d'ailleurs, la remarqua-t-il dans l'intimité du plaisir. Et il imagine encore son embêtement chez le mastroquet du boulevard Clichy, tandis que Léon, un ardent politique, grimaçait de sa face pâlotte et hurlait des injures contre les patrons, avec menaces de les coller à la muraille, une fois pour toutes, au jour très prochain de la revanche. Lui, Prescieux, une fois libéré du service, régira sa petite ferme en compagnie de son père, sans autre maître. Et de la révolution il se moque. Vaines diatribes, cela, bonnes au plus à gueuler devant les zincs pour se montrer crâne.

Arrivé à la consigne, Gustave s'explore les poches : un décime est exigible pour solder le dépôt de sa valise qu'ils firent Léon et lui, avant les ripailles, se trouvant déjà soûls. Même il ne se rappelle plus ce qui se passa ; mais il n'a point dû omettre son habitude de confier là son bagage, chaque fois qu'il vient flâner quelques heures à Paris. Cette conviction le rassure, bien qu'il ne réussisse pas à découvrir dans sa veste neuve de civil le reçu de la consigne. La percale des poches encore empesée et glissante aux doigts recèle sans doute, en quelques plis inaccessibles, le bulletin. Et, malgré tout, ce costume accapare son admiration. Une fameuse emplette. Le pantalon bleuâtre, très large du bas, moule gracieusement ses cuisses solides et rondes, et la veste commence par un grand collet rabattu qui dégage le cou. Cependant, il ne retrouve rien ; et il commence à s'énerver, à craindre. La valise renferme son uniforme. Rentrer à la caserne en civil, c'est encourir une punition sévère.

Eperdu, agitant dans les goussets ses pouces et

ses index, il ne ramène que des enchevêtrements
d'inutiles objets. Sa feuille de permission lui remémore les peines disciplinaires dont il deviendra pas-
sible. Il retourne ses poches : des sous roulent
jusqu'au milieu du hall près les guichets, sous les
falbalas d'une dame. A leur poursuite il court ; et,
comme il se baisse pour les ramasser, la dame a
peur, sursaute, l'appelle imbécile.

Cette insulte le peine.

Enfin, après beaucoup d'hésitations, il se déter-
mine à interroger le garde des dépôts, et il lui
conte sa mésaventure. Le garde, un gros dont le
ventre se bombe sous un gilet à boutons d'étain, se
montre très obligeant. Gustave, invité à franchir
l'établi pour rechercher lui-même son bagage, s'é-
lance avec la certitude de recouvrer son uniforme.
Rapidement d'abord, minutieusement ensuite, il
furète dans les casiers. D'envieuses vénérations le pâ-
lissent devant les coffres luxueux décorés de métal
poli. Après, il s'égare dans un dédale de caisses,
d'énormes cadres en bois brut. Il se faufile, s'a-
mincit, oublieux des précautions à prendre pour
son costume dont le drap s'érafle aux coins saillants
et aux têtes de clous. L'image de sa valise, recons-

truite très exacte dans son esprit, ne l'aide pas à
l'apercevoir réelle, et cependant il remue de lourds
fardeaux et il se congestionne le visage pour ins-
pecter à terre les colis quelque peu analogues au
sien. Peines perdues. Il faut sortir moulu, tout en
sueur et inaugurer un autre genre de recherches.

Dans les estaminets, il passe et se renseigne, dans
tous ceux où il a séjourné la nuit. Par delà les
armures brillantes des zincs; par delà les carafons
fixés dans les sextuples casiers de maillechort, les
limonadiers l'accueillent affablement, lui tendent
pour une amicale poignée de main leurs gros bras
velus qui saillissent des chemises blanches. A ses
questions, tous s'intéressent; quelques-uns se té-
moignent si aimables que Gustave juge obligatoire
de consommer. On ne retrouve rien.

Cependant une défiance à l'égard de ces com-
merçants réputés filous s'engendre des espoirs
déçus. Sous les empressements, le simple désir de
conquérir la pratique se devine. Et cette idée s'im-
plante dans l'esprit du militaire : on lui garde son
uniforme pour le contraindre à rester à Paris et à
renouveler la noce qui enrichira ces gens. Aux
dénégations continuelles et pareilles, il répond avec

colère. On finit par le mettre à la porte d'un café de Montmartre, brutalement.

Et l'heure du départ immine ; Gustave, désolé, court à l'embarcadère. Là, des terreurs l'empoignent. Il se trace le sergent délateur, le colonel brusque, le conseil de guerre impitoyable. Retourner chez son père, déserter, ce lui semble être le préférable parti.

Et passent deux gendarmes flanquant un tringlot qui tire sur son brûle-gueule, flegmatique. Prescieux songe : sa fuite servirait seulement à accroître la rigueur de la punition.

Abattu, terrifié, il s'affale au banc d'un wagon de troisième. — Le train crache, siffle et tout cahote, par secousses.

SOL

La comparution devant le conseil de guerre s'impose certaine, inévitable, fatale. Pourtant, dans

la vie civile, sa peccadille ferait sourire sans cour-
roucer. Et les institutions sociales qui astreignent
au dur asservissement de la loi militaire, il les
maudit. Si encore ses parents étaient plus riches,
il ne souffrirait qu'un an.

Il regarde défiler les murs noircis et abruptes au
long desquels stationnent des suites de wagons.
Des bâtisses surplombent jaunes, minables, sans
ornements, percées de fenêtres où des femmes cou-
sent, où fument des vieillards hâves. Et il regrette
n'être pas femme ou vieillard. La fumée de la locomotive qui charrie des parcelles de houille vers son
visage le force à rentrer la tête.

Le compartiment lui apparaît triste, pauvre. Les
boiseries brunes se tachent au fond de femmes en
deuil et d'enfants barbouillés ; dans les box établis
par les dossiers des bancs, des ouvriers s'endor-
ment recroquevillés, le derrière tendant leurs culottes de velours. Aux vasistas s'encadrent des
coins de banlieue, des terres montueuses, lépreuses
de craie, hirsutes d'herbes roussâtres ; et des toits
neufs tout roses s'amassent jusque l'horizon sous
des cheminées industrielles qui soufflent noir. La
désespérance affaisse Gustave dans son coin. Tout,

par ici, se découvre laid. Bien plus attrayante la
ferme familiale avec les caquetages raisonneurs des
volailles qui picorent. Et sa cousine au visage de
propreté miroitante, aux yeux de limpide faïence se
dresse, vision charmeuse, liant les gerbes dans la
pénombre de la grange. Puis il l'imagine à l'écurie,
et ses bras blancs qui soutiennent les seaux de
barbotage. Et ses caresses sur les croupes chaudes
des chevaux qui piétinent. Puis encore il l'imagine
au seuil de la maison, tricotant, très calme. On la
lui promet en mariage pour plus tard, après le service. Il l'aime bien. A se ressouvenir d'elle ainsi,
d'elle, douce et propre, il lui prend une envie de
l'embrasser. C'est impossible, à présent. Les ordres
brutaux, les injures des sous-off vont de nouveau
lui secouer ces chères indolences qui le prennent
partout et le possèdent insensible par l'admiration
muette de ses souvenances.

Une pluie striante gaze de gris les villages plats
et les clochers pointus, les rideaux d'arbres. Et la
crainte du châtiment attendu étreint le jeune soldat.
Un malaise engourdissant lui enfle la poitrine : rester là, se laisser engourdir par une vague faiblesse
qui le séparerait du monde cruel, qui l'endormirait

pendant les deux années de service encore à vivre,
ce lui semble désirable. Car l'existence est dure...
Léon ne se trompe pas tout à fait : un gouverne-
ment aussi canaille devrait être abattu. Chose ignoble : par la seule impuissance de payer un maître qui
instruise, une somme qui dispense, il faut se faire
tuer pour les autres, les riches, les lâches. Des indignations surexcitent le soldat. Tout pour quelques-uns ! Et lui, rien. De même, son costume si
joli paraît commun, tandis que les collants anglais,
les chapeaux ridicules, les savates pointues et les
petits paletots si laids s'offrent élégants et superbes
par cela seul qu'ils vêtent l'opulence. L'argent vaut
tout, décidément.

Et le soleil dore la trame pluvieuse. Les écor-
chures des carrières s'éclaircissent. Au loin de
lourds nuages mauves fuient. La campagne s'é-
gaie. Les herbes se redressent en secouant des
gouttes brillantes. Aux fils du télégraphe des gemmes hyalines s'irisent. Gustave remet la tête à la
portière. Sur la voie élargie les rails s'unissent par
de luisantes courbes, vont se perdre sous le hangar
en verre où la lumière s'écrase, éclabousse le bleu du
soleil. A gauche, dans les feuillages, les ardoises

des toits et des clochers qui s'irradient dénoncent la ville, la garnison.

Tout de suite, il descend, ayant réfléchi : d'autres, avant lui, commirent la même faute. En expliquant la chose, on l'excusera sans doute ; c'est si simple. Et il se remémore l'allure insouciante du tringlot qu'il vit entre les gendarmes, lors de son départ. Il faut imiter ce sang-froid, car on n'est plus un gamin.

Par hasard, le sergent Berdot, un compatriote, flâne devant la buvette, portant sous le bras le cahier du rapport. Prescieux l'aborde avec la certitude de lui entendre communiquer un bon conseil.

— Eh bien, tu n'as pas de toupet ! s'exclame le sergent.

— Si j'suis pas en tenue, c'est toujours pas l'envie qui m'en manque.

Et il narre. A mesure qu'il avance dans le récit il juge sa faute plus grave. Les gestes et les grimaces de Berdot, qu'il guette anxieusement, signifient des blâmes ou d'amusantes réflexions suscités par les épisodes comiques, ils ne rassurent pas.

— Ce qu'il y a de plus simple, vois-tu, conclut le sergent, c'est d'aller trouver le lieutenant. Justement je vais lui porter le rapport ; tu n'as qu'à venir avec moi. Mais, tu sais, tu t'es fichu dans un sale pétrin.

Plusieurs fois encore, Gustave Prescieux sollicite une réponse encourageante. L'autre ne la donne pas, mais il émet des potins de régiment ; il cite des cas disciplinaires ; il dit ses chances d'avancement et commente les lubies des supérieurs. Le jeune soldat ressent une haine pour cet homme arrivé, certain d'être reçu à Saint-Maixent. Il y a des caractères comme ça, capables de tout endurer, et bas. Par malheur, lui, se trouve être d'une autre pâte ; il ne fera point de platitudes, lui. Les diatribes du révolutionnaire Léon affluent en sa mémoire : un fameux bougre, ce Léon ; aussi tous les patrons le harcèlent comme le harcèlent, lui, tous les chefs. Et il évoque les nuits passées à la salle de police, les consignes au quartier pendant lesquelles on arrache l'herbe des cours en regardant sortir tout flambants les permissionnaires.

Les deux soldats longent les boutiques pleines de femmes bavardes et gesticulantes. Au coin de la place, la claire vitrine d'une pâtisserie protège des gâteaux crémeux, appétissants, des sacs de bonbons à faveurs soyeuses, qui présentent, sur leurs panses,

des figures de dames décolletées et riantes. Et ce
spectacle lui fait naître l'image d'un intérieur en
fête, la réminiscence de sages ivresses en l'honneur
d'une première communion, celle de sa cousine. Il
songe à la table illuminée, au gâteau de Savoie sup-
portant une figurine en plâtre, nantie d'un cierge
et d'un missel. Un attendrissement lui brouille la
vue des choses et assourdit l'intermittente réflexion
de Berdot : «C'est tout de même une sale histoire. »
Maintenant, le jeune homme se complaît à réunir
pour un ensemble délicieux les traits mièvres de la
première communiante toute pâle en sa blanche
robe, coiffée d'un bonnet vieillot qui enserre la
mince frimousse de fillette obstinément grave.

— Tiens, voilà le lieutenant !

Et Berdot indique devant un café des officiers qui
causent et qui rient.

DO

Gustave Prescieux laisse le sergent s'avancer. Un
très jeune sous-lieutenant reçoit le rapport sans

mouvoir la tête ni rompre la conversation qui hilare
ses collègues ; puis, les épaules encore tressautantes,
il feuillette. Quand il a fini, Berdot désigne son com-
pagnon et s'explique, militairement immobile.

Et Prescieux, en tremblant, suppute les motifs
capables de pallier sa faute et ceux qui justifie-
raient son châtiment. Et toujours, la peine lui semble inévitable, par logique, bien qu'il possède la très
intime persuasion d'une délivrance.

Subitement, l'officier sourit et il lance cette excla-
mation méprisante :

— En voilà un imbécile! Mais je n'y peux rien,
moi, rien du tout. Que voulez-vous ? Tant pis !

Il lève en l'air ses bras galonnés, nie que puissent
être utiles ses bonnes intentions. Il appelle le
fautif.

Aux questions de ses supérieurs, Prescieux répond
à peine. Son malheur l'ahurit. Tout lui semble égal
maintenant, rien ne le pouvant plus secourir. Sans
tenter une excuse il s'embarrasse en des explications
sincères. Et il se dérobe aux regards apitoyés, aux
interrogations bienveillantes, car il calcule qu'y
répondre serait un surcroît de pénibles efforts sans
but. Obstinément il fixe les yeux sur les officiers en

6

joie. A remarquer leur atroce indifférence une rage
vindicative le mord. Ce lui est un soulagement lorsqu'il entend conclure :

— Alors, qu'il aille se mettre en tenue et puis
vous le conduirez en prison : j'en suis fâché pour
lui.

Gustave repasse devant la pâtisserie. Comme il
regrette les heures où il embrassait les paupières de
sa cousine pleurant après les gronderies, et dont les
fines narines frémissaient. Il la revit plus jeune encore,
blotti dans la molle poitrine de sa mère, où, mor-
dant des tartines de confiture. Et leur goût odorant
revient à son palais; il éprouve l'instinct de s'en
vouloir repaître. Par intervalle, il hoche un acquies-
cement aux consolantes recommandations· de son
camarade, mais il reste tout à fait inattentif aux des-
criptions de cellules, aux moyens de frauder la
consigne que le sergent confié en les ponctuant de
restrictions prudentes : « Surtout ne dis pas que
c'est moi qui te l'ai dit. »

Son existence d'antan dénuée de désirs irréalisables comme de chagrins réels il la voudrait
encore passer. Et depuis, de successifs déboires.
Son arrivée au régiment, une joie : enfin, se pré-

sentait la noce tant désirée, tant rêvée alors que la lui défendait son père. Et la noce n'avait valu que fatigues, embêtements, punitions, maladies, fastidieuses élaborations de carottes pour avoir de l'argent. Hormis cela on l'excède de manœuvres; ses camarades plus forts lui empruntent et le dépouillent; ses camarades riches le dénigrent et le bernent; les chefs le brutalisent, les fillasses le ruinent, l'infectent et le blasent. Aujourd'hui, il va encore subir d'inédites rigueurs, de plus nombreuses injures. Elles résonneront bientôt à ses oreilles, les voix méchantes des sous-officiers enrouées par les habituelles soûleries.

A sa vue, dès le seuil de la caserne, on se gausse : « Mince de chic ! Où diable a-t-il été pêcher l'autorisation de se balader en pékin dans la cour du quartier ? »

— Ah ! foutez-moi la paix, nom de Dieu ! hurle Prescieux empoigné d'une fureur subite.

Berdot parle au chef de poste; celui-ci grogne un commandement. Quatre hommes se lèvent du banc où ils somnolaient; ils abaissent les jugulaires de leurs schakos et se traînent jusqu'aux fusils.

Gustave appréhende la torture qui va commencer

sans révolte possible : oser une protection de soi paraîtrait grotesque. Quels êtres! Berdot sait bien cependant à quelle peccadille se réduit le crime ; mais l'arrestation de Prescieux vaudra d'influentes apostilles à cet individu sur la liste d'avancement. Canaille !...

Et il précède dans les couloirs le sergent qui l'a rejoint. Il ne s'oublie plus en de vains regrets ; un énergique vouloir de se montrer ferme et supérieur à ces sales tracasseries persiste seul. En lui-même, muet, il se redresse et se rebiffe.

A la chambrée, le conditionnel Auriol, un garçon très drôle, simule une profonde admiration pour le costume neuf :

— Oh, Prescieux, chic! le complet quarante-cinq. Elégance et solidité ! En un tour de main le plus vulgaire des tourlourous est transformé en mec irréprochable. Entrée libre, on rend l'argent.

Gustave hausse les épaules, feignant l'indifférence pour cette raillerie qui le navre. S'il manifeste une colère, on redoublera de quolibets stupides. Mais sa chair, plus âpre encore que sa volonté, se révolte ; sa poitrine s'oppresse et halète ; tous ses nerfs lui semblent se pincer et se tordre de l'insulte. Son

regard se brouille davantage. Il souffre d'un trop
plein d'excitation qui lui agace le corps ; sa nervo-
sité lui commande la vengeance et lutte à toute
force contre sa raison. Elle le vainc ; elle le torture
pour qu'il obéisse. De douleur, il plonge sur son lit
et se prend à sangloter, la tête dans les bras, furieux
de sa honte. Chacun de ses sanglots lui étrangle les
entrailles ; et ce qu'il souffre, il le doit à la méchan-
ceté d'Auriol, de tous. Pour compenser la perte du
calme familial, il a voulu au moins être un mâle sé-
duisant : il atteint au ridicule. Auriol a deviné le prix
de son costume et détruit l'espoir d'en exagérer la
value. Il ne sera donc jamais l'égal des autres en
bonheur ; et pourtant il y a droit, lui aussi. Et la
rage le prend plus violente ; ses entrailles s'étran-
glent plus étroitement, ses mâchoires glissent l'une
contre l'autre et grincent ; ses doigts se recourbent
et ses poings se crispent.

Derrière lui, des rires, des esclaffements, des
plaisanteries. On le prend sous les bras, on le soulève pour voir sa face en pleurs.

Lui, se laisse tomber inerte. Et s'il voulait cependant les battre ! Ces efforts, ces torsions de membres
n'indiquent-ils pas une surexcitation extrême accu-

6.

mulée en lui et qui veut se détendre ? N'est-il pas
un homme aussi.

Il se dresse !

Sur la blancheur nue des murailles, le groupe
des hommes ricane. Lui, les fixe un instant de ses
yeux qui voient trouble et qui lui semblent se
dilater à l'extrême. Tout son être est si douloureusement étréci par la souffrance qu'il ne peut respirer.
C'est comme une force interne immense qui l'emplit et tend à le projeter. Il lui résiste à peine. Et il
comprend que s'il cède ce sera la plus entière des
satisfactions. Tout à coup un spasme imprévu le
lance sur Berdot qui l'a touché. Au contact algide
d'un pommeau de bayonnette une juste férocité
domine Prescieux, le pousse. Il dégaîne cette lame et
exulte en la sentant si légère à son poing. Aveugle,
heureux, les yeux crispés et clignés, il l'enfonce
droit devant.

Et c'est pour lui un assouvissement extatique : percevoir des chairs qui s'abîment sous la pression de
son arme victorieuse. Il se rue encore, jouissant,
perdu, doublant, triplant, multipliant les coups.

BABIOLES

Regardez, écoutez mes babioles, ce sont des papiers peints, ce sont des violes :

I

LE MASQUE JAPONAIS

Yédo. L'on dirait. Tant elle est de potiches trapues et de stores bariolés pleine la chambre. La chambre aux rideaux bleus où fleurissaient les yeux de *l'absente*, plus bleus que les fleurs bleues s'étiolant dans des vases bleus. Et les grands éventails palpitent cloués sur les panneaux comme des papil-

lons, les grands éventails où des papillons sont
peints, les grands éventails diaprés comme des perruches, les grands éventails où des perruches
sont peintes.

Et le petit masque japonais, don de *l'absente*, rêve
sur le mur blanc juste en face du lit, du grand lit
froid comme un catafalque, où sur les taies fleurant
les parfums aimés de *l'absente*, tristement accoudé,
il songe. Il songe que les nuits veuves s'entassent,
que l'hallali des désirs sonne dans ses nerfs exaspérés ; il songe au cabaret grouillant là-bas sous la
flambée du gaz, il songe à la petite brune, fine et
futée jusques au bout de l'orteil, à la grande rousse,
grasse comme une oie, et bête donc ! Et cependant
que la roue du fiacre attardé chante sur la chaussée,
il regarde ses bas de soie rouge traînant sur le
tapis, ses bas de soie rouge qui le fixent de leurs
prunelles rouges avec un air de *viens-nous-en*. Et sa
fidélité sombre, sombre comme la carène prise dans
un ressac, et la tunique de lin des chères *remembrances* va être souillée.

Et, ses yeux tombent sur le masque japonais, don
de *l'absente*, pâle sur le mur blanc, juste en face du
lit. Et le pauvre petit *masque* le regarde si tristement,

si tristement que l'hallali des désirs ne sonne plus dans ses nerfs exaspérés, si tristement qu'il ne songe plus à la petite brune, fine et futée jusques au bout de l'orteil, qu'il ne songe plus à la grande rousse, grasse comme une oie, et bête donc! Si tristement que la tunique de lin des chères *remembrances* ne sera pas souillée — encore.

II

AUBE

Les maisons sont tristes comme des bêtes.

A leurs vitres glacées le jour indistinct indistinctement se réverbère ; en les buées leurs vitres obscures s'emboivent.

Les maisons sont tristes comme des bêtes.

Deuil et modes, Liquidateur judiciaire, Docteur-médecin... Implacable Destinée ! Les enseignes, les implacables enseignes marquent leur flanc suranné, tels des stigmates de lys sur l'épaule des prostituées. *Deuil et modes, Liquidateur judiciaire, Docteur-médecin...*

Les maisons sont tristes comme des bêtes.

Leurs portes s'entrebâillent ; aux tintamarres des timbres par les couloirs leurs portes s'entre-bâillent ; au labeur superflu, à la débauche superflue, à la superflue et irrémédiable Vie, leurs portes s'entrebâillent.

Les maisons sont tristes comme des bêtes.

Et elles regardent résignées dans la rue pleine de boue et sur la place morne où le vent siffle ; elles regardent vers le square au bassin plein de feuilles mortes, vers le lamentable square plein de feuilles mortes, elles regardent résignées.

Les maisons sont tristes comme des bêtes.

III

ROMANCE

Les subtils, les très vagues parfums des mouchoirs
qu'on retrouve au fond des malles poussiéreuses
rappellent les serments emportés aux jours, — telles
des fleurs aux bises hiémales, — les serments de
nos amourettes d'autrefois.

Doucement surgissent les anciennes souvenances,
souvenances de bonheur et de tourment ; doucement
du fond poussiéreux des malles, douces et dépouil-
lées, — telles des ramures aux bises hiémales, —
elles surgissent les anciennes souvenances.

Et mélancoliquement se plaignent les souvenances
délaissées, souvenances de bonheur et de tourment ;
mélancoliquement du fond poussiéreux des malles,
mélancoliques, — telles parmi les ramures les bises
hiémales, — des replis des anciens mouchoirs aux
surannés parfums, elles se plaignent les souvenances
délaissées.

IV

MALÉFICE

Ils avaient bu toute la nuit, Styx le poëte désolé et Laas le poëte calme, ils avaient bu à la coupe d'or de la fée Eaudevie, cette compatissante qui change les cailloux en pierreries,

> Qui porte la lune
> Dans son tablier,

comme a dit un autre poëte, leur aîné.

Adoncques, à l'heure où, sous le clignotement de la dernière lanterne, le dernier ribleur rase les murs suintants, ils passèrent la rivière Sequane sur le Pont-au-Double, en face le parvis de la Cathédrale.

Les pieds dans la boue et le front dans les étoiles — absentes, — ils allèrent d'aguet, par la ruelle torte aux pavés disjoints, chez les Villotières adextres à tenir amoureuses lysses, où l'on a sadinet cy pris, cy mis.

7

Muets, à la lueur blafarde de la chandelle chas-
sieuse, ils grimpèrent les marches vermoulues de
l'escalier branlant, jusques à la haute chambre aux
poutres enfumées, aux escabeaux cul-de-jatte, où les
maléfiques Circés du bas mestier étalaient leurs reins
monstrueux et leurs torses lubriques sous les cour-
tines de percale des lits craquetants.

Là, bientôt énervés par les caresses savantes des
filles, les deux poètes voulurent chanter Priape. Mais
lorsqu'ils ouvrirent leur bouche idoine à lancer
l'ample alexandrin aux sonorités de cuivre, — ils
grognèrent comme des pourceaux.

QUATRIÈME SOIRÉE

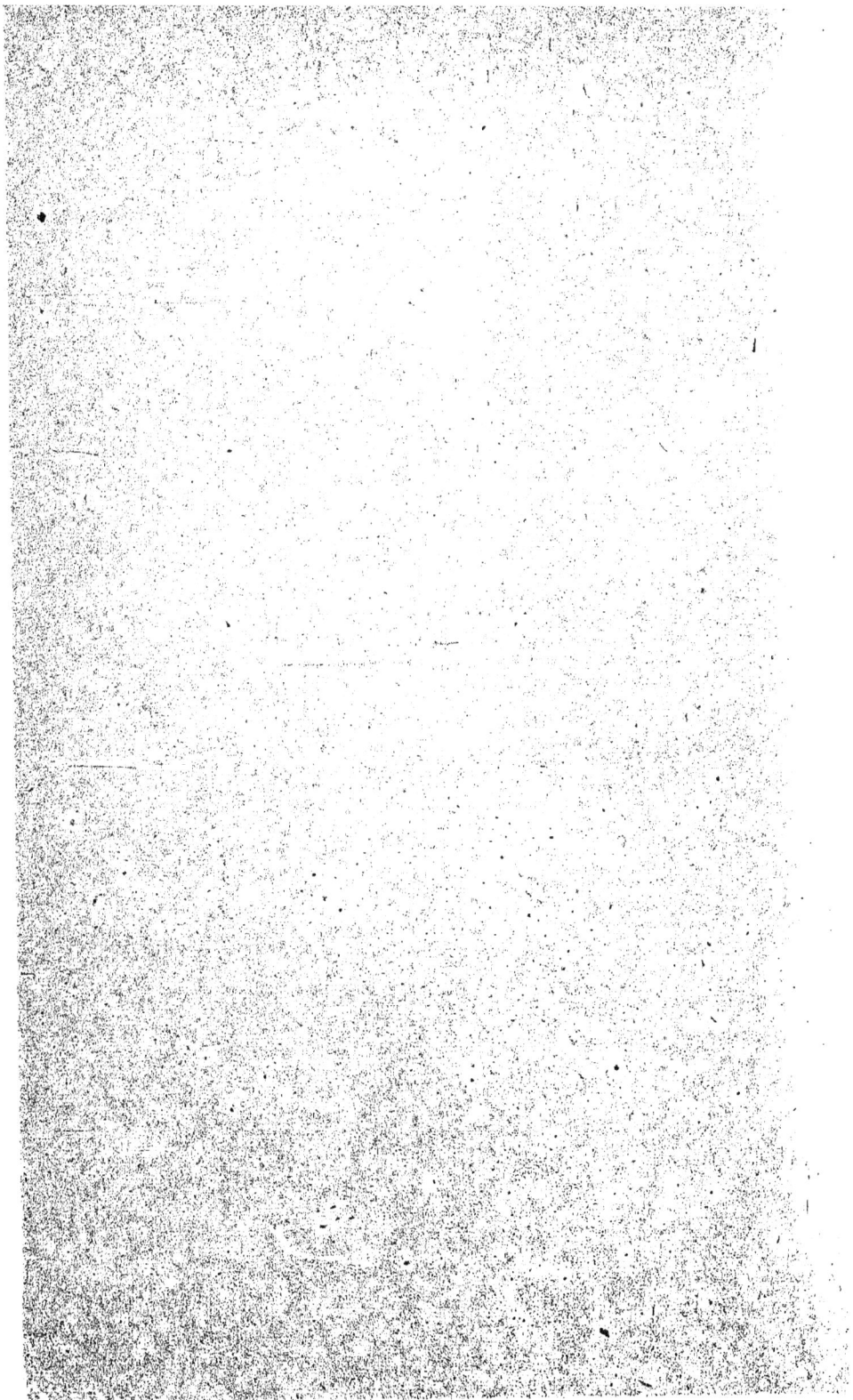

La mer, d'un jade qui écumerait. Et le tissu métal-
lique des pluies voile le ciel morose.

Jusqu'aux flots du golfe, le vieux palais génois
étend ses balustres à travers les bosquets de myrtes.
Pétale à pétale s'effeuillent les roses pourpres trop
chétives pour soutenir les gouttes pesantes de l'averse ;
et les pétales pourpres jonchent la pelouse.

Et la mer geint, la mer d'un jade qui écumerait.

Les dames transies des fresques anciennes croisent
leurs bras anguleux sur leurs poitrines liturgiques.
Les chevaliers foulent de leurs pieds de fer les échines
des lions armoriaux, et l'impassibilité rébarbative de
leurs visages glace. En une ombre caligineuse,
humide, les dalles des larges escaliers dégradent.
Vers où ?

*Là-bas s'érige l'amphithéâtre des collines olivâtres;
et les maisons s'y étagent, assises en cercle au spectacle des eaux, comme un peuple.*

Et le tissu métallique des pluies voile le ciel morose.

*Les vaisseaux ivres titubent à la surface du golfe
qui moutonne, et monte, et se dérobe.*

*Et les grands môles se courbent dans les flots,
les grands môles qui guettent au loin, de leurs
phares.*

*Une mouette. L'éclair oblique de son ventre blanc,
et l'aigu de sa tête grise, dans le terne espace.*

*Miranda soulève sa face exsangue et la ruisselante
blondeur de sa chevelure éparse où brillent quelques
saphirs perdus dans l'emmêlement des tresses. Elle
se dresse des coussins écarlates fiorés d'aigues-marines.
Ses bras nus, graciles, l'étayent; ses bras nus, graciles, et blancs comme les vieilles soies blanches, et
ses longues mains rubéfiées par l'écarlate des étoffes.
Sur sa gorge plate s'effondre en plis mous une chlamyde couleur d'aventurine où se révèlent de très dis-
tantes et minuscules paillettes d'or vert. Sur sa gorge
plate, et blanche comme les vieilles soies blanches, la
chlamyde couleur d'aventurine s'ouvre en longue fente
sans bordure.*

Elle se tient à genoux dans une posture attentive, le regard au golfe. Et sous ses sourcils broussailleux de chanvre pâle, et sous la paupière exsangue qui presque recouvre l'orbite, seul l'iris obscur.

A genoux. Et ses bras l'étayent, et sa jambe fluette s'enfonce par les coussins, sa jambe gaînée d'un bas teinte de fleuve, où des chimères d'argent butinent parmi des fleurs magiques, et se lovent.

Et jusqu'aux flots du golfe le vieux palais génois étend ses balustres à travers les bosquets de myrtes.

Pétale à pétale s'effeuillent les roses pourpres.

Des tentures blanches à paysages peints suspendues de pilier à pilier sur des tringles de cuivre comblent le vide des arcades, sauf une.

Par elle Miranda regarde le vol elliptique de la mouette, et la mer.

L'harmonieuse pluie chante. Elle brode sa cristalline mélodie de clochettes sur le gémissement uniforme du reflux.

Gênes se noye dans la liquescence de l'air et des sons, Gênes et ses maisons assises comme un peuple, et les fresques olympiques du palais, et les myrtes.

L'atmosphère se glauque avec des teintes d'aquarium.

Pétale à pétale s'effeuillent les roses pourpres.

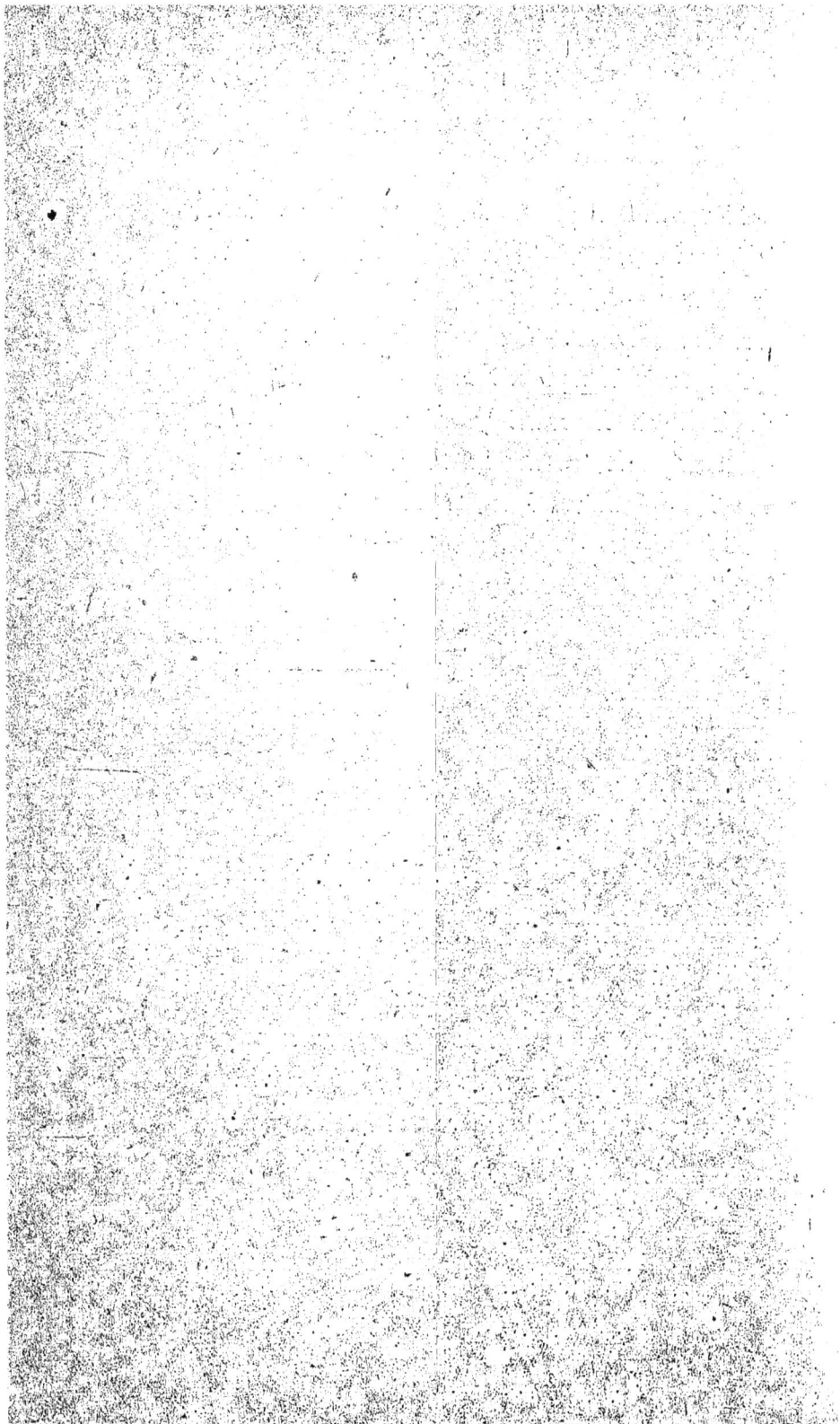

LE CAS DE MONSIEUR DE LORN

I

A H ! mais ! C'est qu'il n'était pas du tout rassuré, le beau Fernand de Lorn, en entrant pour la première fois dans la chambre nuptiale. Pensez donc ! Effeuiller une couronne d'oranger ! ce n'est pas si commode, surtout pour un viveur de trente-six ans, à qui la patte d'oie arrive, escortée d'une longue séquelle de vilaines choses. Il faisait encore vaillamment ses preuves chez la grosse Tata, ou chez la maigre Toto ; mais là, c'était autre chose : vins généreux, écrevisses diantrement poivrées et propos plus poivrés encore. Et

7.

puis on avait l'habitude, cette sacrée habitude si
précieuse. Et l'on pouvait se mettre à son aise avec
Tata, et avec Toto, donc ; cette petite friponne de
Toto, savante à vous émoustiller le plus vanné des
académiciens. Mais allez donc vous faire comprendre
par une jeune fille de dix-neuf ans, élevée sous les
jupes roides de sa maman, et la première nuit de
vos noces encore !

C'est à toutes ces bêtises qu'il pensait avec inquiétude, Fernand de Lorn, correct et pâle dans son
habit noir sous la douce lueur de la veilleuse, tandis
que la mariée faisait semblant de s'occuper de sa
traîne pour cacher son embarras.

Il regarda sa femme à la dérobée. Pour gentille,
elle l'était, Madame Blanche de Lorn. Gentille et
très gentille, avec son corsage frêle et pas maigre,
avec ses grands yeux de pervenche mouillée.

Fernand résolut d'être brave. Il invita sa femme
à s'asseoir à ses côtés sur la chaise longue, puis il
se mit à l'embrasser doucement sur la bouche.

Elle fermait voluptueusement, en rougissant un
peu, ses yeux aux cils frangés. Il la délaça métho-
diquement. Après avoir fait tomber un à un tous
les voiles importuns, il la prit dans ses bras et la

porta au lit. Hélas ! une fois sous les draps fins parfumés d'iris de Florence, il eut de nouveau le trac, comme un acteur à une première :

— Commencer par un four, se disait-il, c'est dangereux pour l'avenir.

Il parla de choses indifférentes, puis fixant sur sa femme des regards qui voulaient paraître langoureux, il dit :

— Vous devez être bien fatiguée, mon amie...

Elle répondit simplement :

— Non.

Et cacha sa tête blonde dans les dentelles des taies d'oreillers.

Alors il commença des caresses prudentes, en lui murmurant les banalités exquises des amoureux. Il parla avec passion de l'avenir, de la tendresse qu'il lui avait vouée.

Elle l'écoutait, visiblement désappointée. La veilleuse se mourait, et les premières lueurs de l'aube filtraient déjà à travers les lourds rideaux des hautes fenêtres.

Blanche s'assoupit légèrement.

Fernand de Lorn poussa un soupir de soulagement.

Hélas ! la pauvre couronne d'oranger n'avait pas
perdu un seul pétale.

II

Deux nuits suivirent dans un calme aussi plat. La
troisième il résolut d'être plus hardi :

— Après tout, se disait-il, pourquoi avoir de telles
appréhensions ? C'est absurde.

Il perdit la bataille, et l'honneur aussi.

Pendant plusieurs semaines des tentatives fréquemment renouvelées furent absolument désastreuses.
La situation devenait tendue. Les époux commençaient à échanger des paroles aigres-douces.
Ils s'en voulaient mutuellement. Fernand retourna
au cercle, où les plaisanteries banales de ses amis,
à propos de son bonheur conjugal, lui entraient au
cœur comme des dagues. Il perdait des sommes
folles sans arriver à se distraire. L'humeur de Blanche
devenait de jour en jour plus acariâtre, ses nerfs
exaspérés battaient la charge. Elle passait sa vie à
massacrer des statuettes de Saxe et à renvoyer ses

femmes de chambre. Ce qui la faisait rager surtout,
c'étaient ses amies intimes, la comtesse de Luc,
Madame de Baixas, et les autres, mariées peu de
temps avant elle, avec leurs conversations indis-
crètes, telles que :

— Eh ! bien, dis, est-ce si terrible que ça un
mari ?

Ou :

— Pauvre petite comme tu as les yeux battus.

Ou encore :

— A quand le baptême, ma mignonne ?

Elle tâchait de prendre des mines effarouchées,
très vexée au fond, et finissait par se fâcher tout
rouge.

A quoi les petites amies répliquaient en chœur :

— La voyez-vous, l'hypocrite !

III

Plaisanterie à part, ce pauvre Monsieur de Lorn
était vraiment à plaindre. Songez donc ! ça n'était
pas gai. Quelle déveine ! Oh ! si l'on pouvait se douter

de son malheur chez la grosse Tata, quelle fête ! Et
le petit d'Anglar à qui il avait enlevé Toto, c'est lui
qui s'amuserait à colporter la nouvelle dans tous les
cercles de Paris. Et puis, c'est que ça devenait
inquiétant. Si c'était pour tout de bon ! C'est que
ces choses-là arrivent quelquefois, tout d'un coup,
à son âge, surtout quand on a brûlé la mèche par
tous les bouts. Il aurait bien voulu essayer avec une
ancienne *amie,* pour savoir à quoi s'en tenir. Mais
ces filles sont si bavardes ! Il y aurait peut-être un
autre moyen. Ah ! mais oui, Madame de Saint-Baume.
Était-il assez bête de n'y pas avoir pensé plus tôt !
La baronne de Saint-Baume, cette vieille dame si
discrète et qui protégeait de si jolis tendrons !

Le lendemain, vers dix heures du soir, il sortit,
la figure abritée sous le haut collet de sa pelisse. Il
bruinait légèrement. Par la chaussée le gaz flambait
roux, dans les flaques d'eau. Les fiacres roulaient
assourdissants ; les passants se heurtaient, hâtifs.
Aux coins des rues sombres, les pierreuses faisaient :
Pstt ! Il fut tenté de monter avec une de ces filles à
cause de la discrétion. Le dégoût l'en empêcha. Il
continua son chemin, rasant les murs.

Arrivé devant la large porte cochère de l'hôtel

connu, il sonna timidement, puis il grimpa d'un pas furtif les marches moelleusement tapissées.

Madame de Saint-Baume le reçut dans son petit salon aux tentures sévères avec la cordialité due à un ancien ami, doublé d'un bon client. C'était une femme de cinquante et quelques ans, grande et osseuse, aux manières distinguées. Figure longue, aux méplats secs, encadrée de boucles grisonnantes. Des yeux gris très perçants. Un sourire factice entr'ouvre la lèvre mince sous laquelle éclate la blancheur du râtelier.

Il fait bon dans le petit salon. Un petit feu attiédit l'air saturé d'aromates. La grande pendule en bronze repoussé tictaque berceusement. La flamme bleue du samovar veille sur le guéridon couvert d'une nappe brodée.

— Ah! monsieur de Lorn! Quelle agréable surprise! Je vous croyais définitivement perdu pour nous, tout à vos devoirs de mari.

Il eut un petit rire saccadé.

— Je passais devant votre porte, chère baronne, et le désir de causer un instant avec vous du passé conduisit ma main vers la sonnette.

— C'est bien, cela, et je vous remercie de ne m'avoir pas complétement oubliée.

Ils causèrent de mille choses diverses : sport, politique, potins du jour. La petite Niniche était partie en Amérique avec un riche fabricant. Quelle roublarde ! Les républicains, tous des Robert-Macaire. Cet imbécile de X... s'était fait sauter la cervelle après avoir perdu au baccarat toute sa fortune et celle des autres. Le banquier Z... venait de surprendre sa femme avec un clown du cirque, etc., etc.

Un coup de sonnette retentit dans l'air apaisé de l'hôtel.

— A propos, dit la baronne, Mademoiselle Louise de Fasols, cette belle brune qui vous aimait tant, mon cher Fernand, est de retour depuis quelques jours, et je l'attends ce soir. Si vous avez quelques instants à nous donner nous allons prendre une tasse de thé ensemble.

Il regarda sa montre machinalement et dit :

— Avec plaisir. Précisément, ma femme est allée passer une semaine chez sa mère, à Nice ; je suis garçon.

— C'est à merveille, dit Madame de Saint-Baume

en se levant. Voilà Mademoiselle Louise qui monte l'escalier. Elle sera enchantée de vous rencontrer.

Mademoiselle Louise de Fasols entra avec un froufrou de robes, emmitoufflée dans ses belles fourrures de loutre, les joues rosées sous sa voilette. C'était une belle fille à la gorge rebondie, aux hanches superbement cambrées.

— Tiens, un revenant, dit-elle, en apercevant Monsieur de Lorn. A quel heureux hasard devons-nous le plaisir de vous voir, homme rangé ?

— Votre retour à Paris, mademoiselle, y est pour beaucoup, répondit Fernand en souriant.

— Flatteur, va ! reprit Louise très câline, en lui tirant amicalement le bout de sa barbe en pointe.

Ils causèrent en sirotant du thé copieusement désaffadi de cognac. Les petits verres d'eckau vinrent après, très fréquents.

De Lorn sentait se réveiller en lui tous ses vices d'hier. Les petits verres d'eckau faisaient déjà leur effet. Il dit en effleurant de ses lèvres la nuque de Louise :

— Dites donc, si nous soupions !

Madame de Saint-Baume se leva avec un sourire protecteur.

— Mes enfants, dit-elle, j'ai un peu de migraine,
et il se fait tard. Permettez-moi de me retirer. Je
vais donner des ordres pour que vous soyez servis
comme de simples Khédives. Ne vous gênez pas,
vous savez que ma maison est vôtre.

Elle se retira digne et roide dans sa robe de soie
sombre.

Au bout d'un quart d'heure, une vieille bonne
typique apporta sur un grand plateau d'argent un
petit souper extra-fin.

Les écrevisses furent éventrées, les pâtés sacca-
gés, le Chandon moutonna dans les coupes.

— Ah ! ça, dit Louise, à cheval sur la cuisse de
Fernand, t'es donc marié, petit singe ?

— Mais oui.

— Et ça va bien, les petites amours légitimes ?

— Hum !

— Comment ? Déjà !

— Je n'ai pas dit.

— Tu fais : hum !

— C'est que...

— C'est que ?

— Tu sais, les jeunes mariées...

— Les jeunes mariées ?

— C'est un peu...

— Innocent, n'est-ce pas?

— Oui.

— Je comprends, dit Louise, en risquant des gestes définitifs. A des... comme toi il faut...

— Des... comme toi, riposta Fernand, en lui passant la main sous le corset.

Alors Louise en fit sauter les agrafes. Ses beaux seins fermes bondirent comme des cavales fringantes. Elle dénoua sa lourde chevelure et colla sa bouche fardée sur les lèvres de Fernand, l'excitant de la morve de ses baisers.

. . . .

Une heure après, M. de Lorn sortait de l'hôtel Saint-Baume, épouvantablement gris, mais la tête haute et le chapeau sur l'oreille.

L'honneur était sauf.

Tout en marchant il se répétait avec satisfaction :

— C'est égal, je suis content. Ce n'était pas pour tout de bon. C'est que cette pensée me donnait la chair de poule. Songez donc : trente-six ans et plus rien! Oh! non, pas encore! Et mais, dites donc, ça a marché avec cette petite grue de Louise, mais là très bien. Au bout du compte, je m'en lave les

mains. Que ma femme s'arrange : c'est de sa faute.
J'ai la preuve de ma vaillance. O ces jeunes filles du
noble faubourg sont-elles godiches!

IV

Quelques jours après. Vers neuf heures du soir.
Ils se trouvent en tête à tête dans le petit boudoir
chaud comme un nid, devant le feu pétillant parmi
les chenets. Fernand regarde sa femme qui lit un
volume de Feuillet : très pâle, à la lueur tamisée de
la lampe, son corps se dessine amoureusemeut sous
la soie du peignoir clair à bouffettes roses. On voit
le bras blanc jusqu'au coude. Les cheveux longs et
soyeux traînent négligemment sur ses épaules. Le
pied, — bas noir et mule blanche, — frétille nerveu-
sement sur un pouf en tissu du Daghestan. Fernand
la regarde toujours et la trouve gentille à croquer.
Il se sent un appétit d'enfer et pourtant son estomac
refuse toute nourriture,

— Nom d'un chien ! pense-t-il, il faut que cela
finisse. Tout ça, c'est de l'appréhension. Puis, il me

semble qu'après ma victoire de l'autre nuit, à l'hôtel Saint-Baume, je serais bien bête de ne pas essayer...

Il essaya...

Bernique !

Alors il se mit dans une fureur de fauve : il allait et venait par la chambre, sacrant comme un goujat, se campant fièrement devant la haute glace, retroussant les pointes féroces de ses moustaches, bombant son torse.

Il alluma un gros cigare, et, — tel un maroufle sur un sofa de bouge, — il se vautra sur un canapé.

Là, d'un air d'indifférence, avec des ricanements, il dit, entre deux bouffées de cigare :

— Tu sais, ma chère, c'est absolument ridicule, et je tiens à te dire une fois pour toutes que c'est de ta faute.

Blanche lança un rire aigu plein de mépris.

Il reprit tranquillement, sans se laisser déconcerter :

— Oui, c'est de ta faute, je le répète ; j'ai des preuves certaines que je ne suis pour rien dans le désagrément qui nous arrive ; des preuves, entendez-vous, madame !

Il prononça le mot *preuves* en appuyant, avec un sourir fat.

Elle eut un haussement d'épaules, sans répondre. Alors il se leva et sortit en sifflant un air d'opérette.

Après le départ de son mari, Madame de Lorn laissa éclater ses sanglots et ses pleurs : dire qu'elle avait espéré le bonheur entre les bras de cet homme ! Où sont ces rêves bleus, ces illusions aux ailes d'or ! Des querelles, des injures même. Et dire qu'ils venaient de se marier à peine ! Quel enfer ! Comment finirait-elle cette situation aussi lugubre que grotesque ? C'était sa faute, disait-il, sa faute à elle ? L'imbécile ! Sa faute ! Pourquoi ? Elle était jolie, vraiment jolie, et désirable ! Oh ! c'était trop fort ! Elle avouerait tout à sa mère, elle se séparerait. Non. Elle le rendrait plutôt ridicule. Elle se laisserait courtiser, courtiser *jusqu'au bout*, par le vicomte de Cazal, qui avait demandé autrefois sa main, ou par Monsieur Maffei, ce jeune diplomate italien si joli garçon. Oui, mais c'est qu'elle l'aimait toujours, et quand même ce grand diable d'homme avec ces moustaches fines, sa main aristocratique, ses yeux qui vous allaient droit au cœur,

Oh ! si ça pouvait s'arranger ! Comme elle vivrait heureuse entre ses bras ! Le posséder, le posséder *complétement* une semaine, et puis mourir ! Et elle sanglotait, sanglotait à fendre l'âme, la pauvre petite, et elle pleurait, pleurait toutes les larmes de son corps.

Soudain, un objet blanc, tranchant sur le fond brun du tapis, attira son regard. C'était une carte de visite. Elle la ramassa et lut :

— *Madame la Baronne de Saint-Baume,*
Rue........ n°...

La baronne de Saint-Baume ! Ce nom ne lui était pas inconnu. Où diable avait-elle entendu parler de cette femme ? Mais oui. C'est son oncle, le marquis de Matas, ce vieux gâteux qui racontait des choses si inconvenantes devant les jeunes filles. C'est lui qui parlait souvent de Madame de Saint-Baume, quand il allait dîner chez ses parents. Elle se rappelait maintenant. Sa mère se montrait très scandalisée toutes les fois qu'on entamait cette conversation.

Elle sentit son cœur saigner. La jalousie l'étrei-

gnit de ses griffes. Puis, une idée subite lui tra-
versa l'esprit et elle sourit malicieusement.

— C'est à essayer, pensa-t-elle. Qui sait? Mon
bonheur est là, peut-être.

V

Le lendemain, une dame long voilée se présentait
à l'hôtel Saint-Baume. La baronne la reçut avec
une courtoisie exquise de douairière.

— Madame, dit l'inconnue d'une voix mourante
au bout de quelques instants de silence embarrassé,
je fais auprès de vous une démarche très grave,
comptant sur votre discrétion inattaquable.

La baronne remercia de la tête avec dignité.

— J'aime, reprit l'inconnue d'une voix de plus
en plus faible, j'aime follement un de vos amis,
Monsieur de Lorn. Après avoir vainement lutté, je
me sens vaincue. Je désirerais néanmoins, à cause
de mon rang dans le monde, et pour des motifs
qu'il serait inutile d'expliquer, le voir en cachette
et sans qu'il sache qui je suis, pour le moment du

moins. Je vous ai choisie, madame la baronne, comme la seule digne de ma confiance.

— Madame, répondit la vieille proxénète d'un ton grave, je n'ai pas l'honneur de vous connaître ; mais je sens, rien qu'à vos paroles, une personne de ce monde, le grand monde qui m'est cher et auquel j'appartiens par droit de naissance. Mon dévouement vous est acquis de ce moment, madame. Revenez après-demain vers dix heures du soir. Vous trouverez de bonnes nouvelles, je l'espère, et peut-être davantage.

Elle souligna ce dernier mot d'un sourire malin.

L'inconnue, après avoir déposé trois billets de mille sur la cheminée, sortit de l'hôtel Saint-Baume toute tremblante.

Le lendemain, M. de Lorn trouva, en dépouillant sa correspondance, la lettre suivante :

« Mon cher ami,

« Une femme charmante et du plus grand monde, qui vous aime en secret depuis longtemps, vous attendra demain soir, vers dix heures, chez moi. Accourez donc, Lovelace.

« Votre dévouée,

« Baronne de SAINT-BAUME. »

8

— Tiens, tiens ! se dit-il, un roman ! On me propose un roman, à moi, un homme marié ! Il est vrai
que je le suis si peu !

Il rit d'un rire amer.

— Tant pis ! j'irai. J'ai besoin d'oublier et de me
prouver encore que ce n'est pas tout à fait ma faute,
si...

Il se leva et se regarda dans la glace.

— Hé ! hé ! Elle n'a pas tort, la dame, j'ai encore
de beaux restes.

Le lendemain, Fernand fut fidèle au rendez-vous.
La baronne le reçut mystérieusement.

— La dame va venir d'un moment à l'autre, dit-
elle. Me promettez-vous de ne pas chercher à la
reconnaître ? Elle tient à garder l'incognito, pour le
moment du moins. C'est dans l'obscurité propice
que vous allez être heureux, don Juan...

— Ho ! ho ! interrompit Fernand, quelque vieille
sorcière, sans doute, ayant peur du jour.

— Je vous promets que non : fiez-vous à moi ;
laissez-vous faire.

— Soit, dit Fernand en riant, va pour l'obscurité.
Bientôt je finirai par me croire à l'Ambigu.

VI

Ç'avait été un grand triomphe pour Fernand. Dans l'espace, relativement court, d'une heure, il avait accompli des prodiges de vaillance. Maintenant, un peu fatigué, sa tête amoureusement posée sur l'épaule de l'inconnue qui ne soufflait mot, il se disait :

— Ah ! si je pouvais être comme ça avec ma pauvre petite femme !

Et il soupirait légèrement.

Puis il se disait encore :

— Ah ! ça, serait-ce à une *demoiselle*, à une demoiselle authentique que j'eus à faire? C'est que... il m'a semblé... ah ! par exemple ! ça serait drôle !

Tout à coup, il fut troublé dans ses méditations d'une façon inattendue... Il se sentit mordu si cruellement que le sang coula.

Il sauta du lit en poussant un cri de douleur, stupéfait, ahuri.

L'inconnue se leva à son tour, et après lui avoir

appliqué une vigoureuse paire de giffles, elle dit :

— Allume donc la bougie, imbécile !

Le son de cette voix le troubla tellement qu'il resta pendant deux secondes cloué sur place, puis il alla machinalement allumer une bougie sur la cheminée.

La lumière éclata aveuglante.

L'inconnue se tenait là, debout, immobile dans une nudité presque absolue, sa chemise aux fines dentelles glissant le long des hanches.

C'était Madame Blanche de Lorn.

Les deux époux se regardèrent un instant sans une parole, puis ils s'étreignirent longuement, toujours muets, très émus.

Fernand risqua une question sur cette aventure invraisemblable, mais sa femme lui fermant la bouche avec sa fine main pâle, lui dit :

— Pas ici. Chez nous. Maintenant va-t-en vite avant moi, pour éviter tout scandale.

Il s'habilla à la hâte et sortit de la chambre.

Madame de Saint-Baume l'attendait dans son petit salon.

— Eh bien, interrogea-t-elle avec son sourire malin, sommes-nous content ?

— Ravi, ma chère baronne, vous êtes la Providence des amoureux.

— Quand je vous le disais !

Il passa à l'annulaire crochu de la proxénète une bague de haut prix, et quitta l'hôtel le paradis dans l'âme.

VII

Depuis ce jour la vaillance de Fernand ne se démentit pas un seul instant. Blanche est la plus heureuse des femmes, et lorsque ses petites amies la plaisantent sur ses yeux battus, au lieu de se fâcher comme autrefois, elle égrène le chapelet de perles de ses rires argentins.

LA TARE

I

E la fenêtre, par l'écran de papier, s'épanche un rayon clair qui vient illuminer
l'eau-forte de Paul Grimail. Le très jeune
artiste contemple son œuvre, indécis : sous le col on-
dulant du cygne, Léda se pâme en une torsion enlaçante, et l'aile toute blanche, affaissée sur l'amante,
explique les cambrures de ce corps énervé par la
caresse duveteuse. Ainsi doivent s'exprimer les
transports de la passion, ainsi ont-ils toujours apparu
dans ses rêves ; — car l'éphèbe les ignore réels :
nulle ne lui offrit l'amour ; jamais il n'osa le men-

dier, et il lui répugne d'imposer son désir à la ven-
deuse en besoin.

Il pense. Machinalement il frôle le bandeau qui
couvre en partie sa figure et son front ; dessous se
cache une horrible bouffissure violâtre. Aussi loin
que peut remonter sa mémoire, l'artiste revoit sa
tête d'enfant bridée par le triste bandeau et sa mère
lui défendant de le retirer : « cela ferait pleurer la
sainte Vierge. »

Aux murs de l'atelier, entre les costumes orien-
taux, les panoplies et les dressoirs à céramiques,
des plâtres suspendus ou piédestalés. Pour lui,
Sémiramis et Minerve semblent faire valoir leurs
formes graciles ou majestueuses. Il les considère
ayant pour ses désirs une pitié ironique. Ne connaître de la femme que cette artistique immobilité ! Il
ne saura jamais les étreintes ni les baisers ! Mythes,
les voluptés ressenties par de plus heureux, par
tous ! — Bah ! Il est fou ! C'est démence se complaire
en des souhaits irréalisables.

Il s'approche à la croisée.

Dans la rue, le carnaval bruit. Les trompes hur-
lent une invite aux viriles ivresses. Paul Grimail
déchire l'écran et voit. Les fiacres cahotent des car-

tonnages grimaçants, de voyantes étoffes et des faces
plâtrées ; de chez le perruquier voisin une fille
s'échappe, la chevelure toute piquée de nœuds roses
et de fleurs ; et, au milieu de la cohue en tumulte,
un polichinelle énorme, cramoisi, marche ; deux
cocottes se frottent à ses flancs afin de partager sa
gloire.

Lui, arrache son bandeau, surpris par une idée,
encore vague, mais grosse de conséquences heureuses. Il court à un coffre étrange donné par son
maître, le célèbre Voméra. C'était le présent d'un
samouraï qui fut à Yeddo l'hôte du peintre des jaunes.
Paul Grimail fait baver au coffre un flot de tissus
chatoyants ; et longuement en choisit.

II

Il va par les boulevards illuminés. Une rumeur
étonnée accueille sa venue, une rumeur vénérante
suit ses pas. Les « chienlits » se figent dans les
bouches et la foule s'enfle autour de lui, chucho-
tante et solennelle. L'éphèbe, d'abord, se figure

être ridicule. Il lui paraît que derrière son dos des
ironies s'esclaffent. Par les trous visuels du masque,
il examine. Et c'est un bonheur, ne plus heurter son
regard au bandeau dont l'aspect navrant a jusqu'alors
interrompu l'inspection de sa personne : à quoi bon
se voir tout entier ? cette tare déparerait la plus évidente perfection. Maintenant, au contraire, il prend
plaisir à cet examen : sa robe azurée, son surtout
couleur ... safran avec, partout, de gros oiseaux
brodés en relief qui chatoyent aux mouvements de
la marche, et, tout près, les bouts balancés d'une
flasque moustache sous un nez très pâle. Pour la
première fois, il perçoit en son être une harmonie et,
aussi, le spectacle de la soie aux cassures flambantes
le ravit.

— C'est probablement le prince de Galles.

Des grisettes le dévisagent. On l'admire, sans
restriction. Enfin on ne fixe plus sur sa face ces
regards commisérants qui lui étaient si lourds à sup-
porter. Il marche heureux, humant l'air très pur. Et
subitement, un arrêt: une multitude grouillante et
noire piquée par les splendeurs des déguisements ;
tout en haut la bâtisse de l'Opéra aux baies enjau-
nies de lumières où des ombres se heurtent ; sur

le faîte, l'Apollon verdi par un feu de Bengale.

L'artiste s'avance hardiment. Il dévisage les hommes en haussant les épaules aux ingracieux costumes. Il se sent très robuste avec une idée de querelles. Car, dans cette fête, il va être un des mille acteurs contemplés, sûrement un des plus magnifiques : on l'acclame déjà.

Comme tous lui font place, il a bientôt gravi quelques marches du grand escalier. Alors l'enthousiasme crève. Vers lui se penchent des gorges nues se mouvant dans les dentelles et les raides plastrons où miroitent d'uniques pastilles d'or. — Des femmes ? Pour l'adorer, il en descend des galeries, il en monte du péristyle, il en sort des portes béantes : de petites qui se haussent pour effleurer du doigt les sourcils de son masque, et, dans leurs yeux, il lit des promesses lascives ; de grandes qui se baissent pour palper le crêpe de sa ceinture, et il voudrait enfouir ses lèvres dans les sillons de leurs dos flexibles ; de grasses qui s'éventent, et il lui semble que plonger dans leurs molles rondeurs serait à son rut un assouvissement délicieux ; de minces dont les seins sautillent dans les cuirasses de satin, et, en un souhait d'elles y sentir se reposer, il arrondit ses mains frémissantes.

Le torrent des admirateurs le roule dans la salle :

— Mikado ! Mikado ! Bravo Mikado !

Pour leur hocher un signe remerciant, Paul Grimail cherche qui répéte ce mot. Ses yeux se lèvent,
et c'est le lustre énorme, le cru du gaz, les loges
gorgées de femmes en clairs dominos et de gants
blancs applaudisseurs ; ses yeux se baissent, et c'est
un enchevêtrement de corps assombris : le trille
de ces deux teintes adverses accotées.

Et les bravos le déclarent le plus splendide des
mâles.

III.

— Mikado !

— Savonnette !

Deux cohues rivales proclament les noms de leurs
idoles.

Une rage fait pâlir l'artiste : quel autre tente lui
ravir sa gloire et discuter son triomphe ? Le caprice

d'un passant anéantirait-il ce bonheur unique. Il
lui faudrait renoncer aux adulations des femmes
comme aux envieuses exclamations des hommes?
Cela ne se peut. Il aura entière cette nuit de joie,
dût-il affirmer sa suprématie par la violence.

Gronde une sédition. Un moment les casques
des municipaux étincellent. Des protestations mur-
murantes montent sous la coupole après, qu'un des
vocables beuglé par un plus grand ensemble de voix
est parvenu à étouffer l'autre. L'artiste, aux premiers rangs de ses partisans, s'affermit la main sur
les poignées de jade de ses sabres. Une bousculade
houle, quelques cris, des injures mugissent et
l'éphèbe, prêt à s'élancer, se retient, émerveillé :

C'est une femme.

Ses formes se moulent à cru dans un collant
d'émeraude ; en les calices des fleurs étranges qui
l'enlacent, des pierreries s'embrasent.

— Il est rien pschutt, tu sais, ton costume.
Paies-tu quelque chose au buffet ?

Elle prend son bras. Sa voix gracieuse se note
d'un exquis enjouement. Elle s'appuie à lui, et, parfois, avec une gentille curiosité, elle soulève de ses
doigts minces les lourdes soieries qui habillent l'ar-

9

tiste. Elle en fait le tour, rieuse, montrant les
ivoires de sa denture dans l'écarlate des lèvres. Ses
grands yeux noirs sont humides ; des luxures dor-
ment dans sa crinière d'or ; sa poitrine semble, à
chaque instant, devoir saillir du corsage, et les
pointes rosées découvertes par les sursauts des hila-
rités réclament les caresses de bouches aimantes. Il
émane d'elle un parfum qui fait songer l'éphèbe aux
dévêtements ultimes, aux spasmes furieux et alan-
guissants. Il n'ose presque la regarder tant il sent
irrésistible le pouvoir de ses sens en fougue. Et, tout
à l'heure, il va la tenir dans ses bras, elle frissonnera
sous ses baisers. Il sait maintenant pourquoi son
talent sommeille encore : il s'éveillera grandiose à la
manifestation de sa virilité. Il sera un fort.

IV

On verse du champagne à pleines flûtes. Libéra-
lement l'aqua-fortiste jette les louis dans les mains
tendues des sommeliers en fracs. Quand la fille a
fini d'étancher sa soif, elle demande :

— Allons vite chez Baratte, dis, tu veux ? Il ne va plus rester de salons.

Sur l'escalier de marbre, la foule leur fait cortége. Lui, presque pâmé de bonheur, s'enivre des flatteries qu'elle susurre à l'adresse du couple merveilleux.

Subitement une bande se précipite, calicots déguisés d'une pièce de percale, gadoues en débardeurs crottés. Comme l'un deux regarde trop près Savonnette, lui le repousse doucement de la main. L'homme se rebiffe, crache des invectives, et, d'un soufflet, démasque Paul Grimail.

Un vide se fait, bruyamment. L'artiste s'affaisse, sans une idée, près la balustrade. Un municipal le pousse hors des degrés. Sur le large palier le calicot clame :

— Oh ! mince, alors ! Reluque un peu sa gueule.

V

La Seine est noire... il y grelotte des bigarrures de lumière diffuse.

Lui, va le long des quais.

Dans sa fièvre, il arrache une à une les parties de son costume et les jette par-dessus le parapet.

Bientôt il les ira rejoindre, ces oripeaux qui lui ont valu la seule félicité de sa vie. A quoi bon vouloir encore tenter l'impossible, décrire et imiter l'inconnu ? Insanité ! Et sans le travail, son existence est sans but, puisqu'il n'en peut jouir.

Jusqu'au loin, s'alignent, en file, des rangées de tonneaux, des tas de pierres, des empilements de planches. Puis un pont : un chapelet de lampadaires, le falot vert d'un fiacre qui semble glisser sur le garde-fou.

Se tuer c'est imposer la douleur sans fin à un être excellent, une mère qui par ses caresses, par ses regards et ses moindres paroles demande à son fils pardon d'avoir produit. — Il ne peut mourir.

Des rues étroites se percent entre les pâtés de bâtisses neuves. Paul Grimail en aperçoit une plus éclairée : la lanterne d'un bouge rayonne avec son numéro énorme, ombrant les vitres.

CINQUIÈME SOIREE

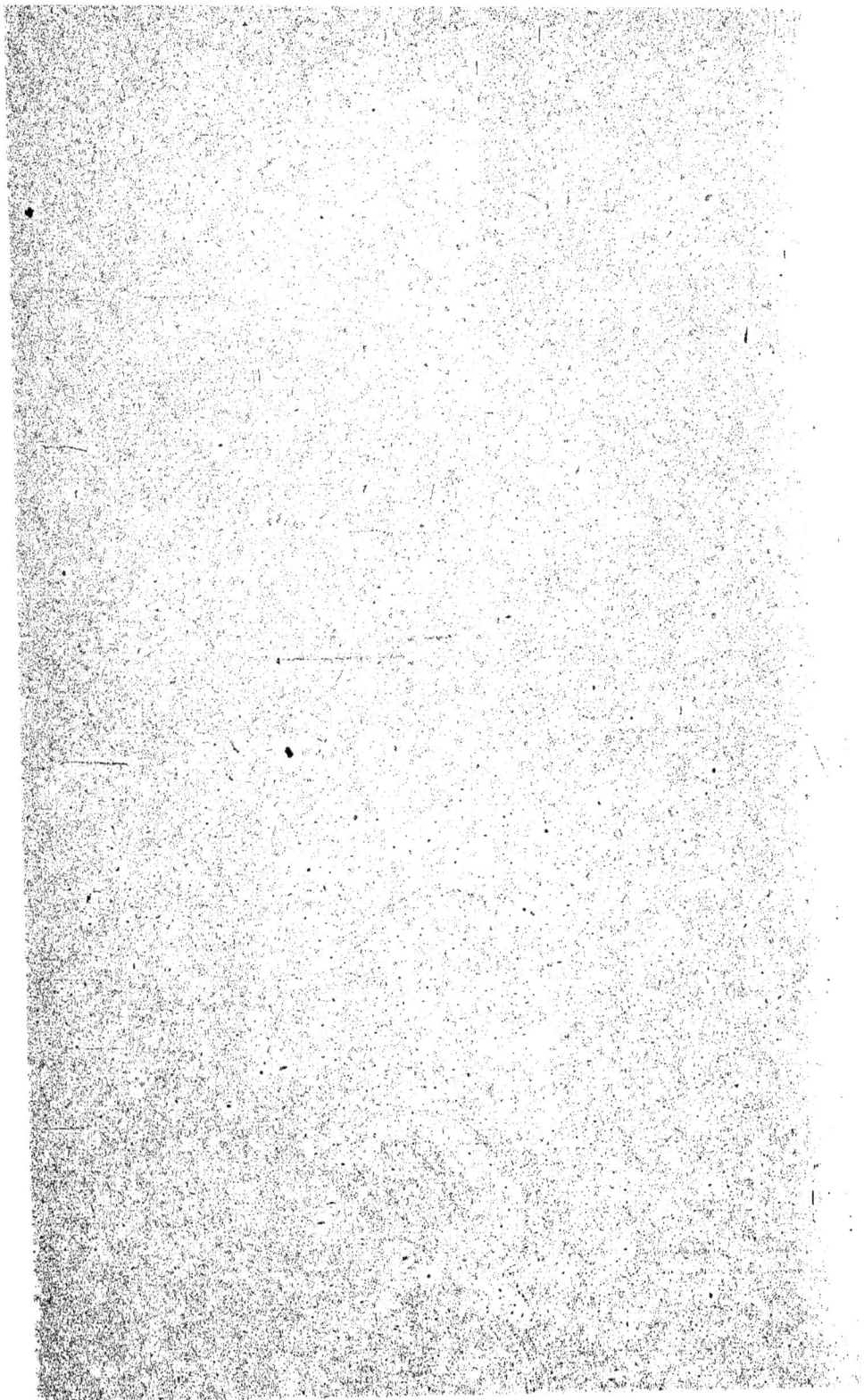

Au pied de la montagne à la chevelure frondante, la villa blanche et enguirlandée.

Sur les gazons ras des pelouses et parmi les hauts tulipiers aux branches se bifurquant, — tel un blanc gypaète les ailes toutes grandes, — la blanche et enguirlandée villa se pose.

La nuit est pâle d'étoiles.

L'air torride est tout embaumé de la sève des branches frondantes de la forêt, et de l'arome des rhododendrons, et de la saveur des mûres.

Au pied de la montagne, sur les gazons ras des pelouses, — tel un blanc gypaète les ailes toutes grandes, — la villa se pose.

La nuit est pâle d'étoiles.

La rue close de baraques foraines s'aveugle de

lumière, s'assourdit de claquements de fouet, de cris et
de sonnailles.

Là-bas, par-dessus les toits ardoisés, l'orchestre du
casino clangore.

Là-bas, dans l'obscurité humide de l'allée, on entend
le gave qui saute le barrage...

Parmi les hauts tulipiers aux branches se bifurquant,
la blanche et enguirlandée villa.

L'air torride embaume la sève de la forêt, l'arome
des rhododendrons, la saveur des mûres.

Des fouets qui claquent.

Des sonnailles qui tintinnabulent.

Des roues qui roulent.

Des cuivres qui clangorent.

De l'eau qui bruit.

La nuit est pâle sur la villa aux guirlandes...

En robe claire à pois, Miranda se renverse, le cou
nu et des rubacelles aux oreilles.

LE CUL-DE-JATTE

I

UNE grosse pluie d'orage s'épanche dans la cour du Louvre, soulève des stalagmites liquides et polit l'asphalte. A sentir cette fluide tiédeur imprégner le col de sa chemise, Éphraïm Samuel s'irrite : « Sacrée infirmité ! Pas même pouvoir se servir d'un pépin ! » Et, violemment, le cul-de-jatte balance son torse, le projette, les yeux clignés sous la gifle de l'eau. Il s'arc-boute des mains pour faire courir ses fesses redondantes, ligotées dans un siége à roulettes. Et sa demi-personne s'éjouit quand, par une grande vitesse acquise, elle fend l'air avec un bruit ronronnant d'express.

Mais son tape-cul, tout neuf étrenné ce jour-là même, à l'occasion d'un mariage, lui vaut une obsédante inquiétude. Déjà, le matin, à la synagogue, au moment où le verre symbolique lancé par-dessus le couple nuptial vint se rompre contre les dalles, un craquement a gémi sous les reins tendus d'Éphraïm qui se haussait pour voir. Après la cérémonie, au zinc de la rue d'Aboukir, comme il levait haut le coude, pour boire du bitter, le véhicule vagit. Et, au début du déjeuner, un déchirement se lamenta pendant qu'on hissait l'infirme sur une chaise. La mère Salomon, sa voisine de droite, était un peu sourde, et sa voisine de gauche, la gantière Rachel, flirta avec Bernheim, le marchand de lorgnettes, jusqu'après le dessert ; lui, forcément se tut. D'exquises boissons et d'exquises mangeailles le consolèrent abondamment.

Puis, très aise, il s'en était revenu le long du boulevard Sébastopol, le long de la rue Rivoli, tantôt filant vite pour contraindre à se garer précipitamment les lourds promeneurs du dimanche, tantôt stationnant au plus compact de la foule pour empêcher de leurs courses les poursuivants d'omnibus,

Malices impunies, tout le monde manifestant une déférence pour sa difformité.

Maintenant l'orage se déverse dru : Éphraïm s'empresse ; mais un nouveau craquement lui suggère : « Ce ne serait pas drôle de rester là, en plan, le derrière dans l'eau. » Et il s'efforce vers une arcade où s'engouffre un public humide et morose. Dessous, bée une porte olivâtre, que couronne l'indication : Musée Égyptien. Éphraïm la franchit.

II

Il se bouscule dans la salle une grouillante cohue. Le nez du juif s'enfouit dans les basques des jaquettes ou se froisse au rude contact des fausses tournures. Un empuantement de malsains parfums s'affadit. Les coudes font choir sa casquette. Virer, partir ; nul moyen : il est pris comme dans une vivante cage. A chaque heurt de pieds inattentifs, il perçoit son siége s'affaisser. Et ses reins s'encastrent plus profondément dans les coussins où il repose.

Soudain, au-dessus de lui, une mère gifle son

mioche. Pour esquiver d'autres coups, l'enfant se
roule, ahuri, pèse du talon sur le chariot du cul-de-
jatte qu'il ne voit pas. Catastrophe. Une commotion
ébranle Éphraïm qui s'effondre avec son assise. Les
poignées où ses mains prenaient appui roulent au
loin. Cependant il tente une fuite, mais un éclat aigu
de planche brisée raye les dalles et s'oppose à la
progression des roues. Un désespoir : calculer la
dépense d'un tape-cul neuf et le prix de la course en
fiacre pour rentrer. Et puis, la crainte d'être piétiné !
Par malheur, là-haut, des disputes se clament ; de
furieuses gesticulations se détendent, il se bave de
rageuses injures, et des enfants pleurent. Bientôt le
juif s'épouvante à parer en vain des horions indus ;
des poings le frôlent et l'accrochent, des genoux
cognent son dos. Il s'exaspère, il redoute qu'on ne
lui marche sur les doigts et ne cesse de crier, mêlant
des invectives à ses requêtes de secours. Alors, peu
à peu on s'apaise. Des oreilles s'inclinent vers l'infirme ; il y verse des récriminations pleurardes, api-
toyantes, avec l'intonation qu'il suppose devoir le
plus facilement toucher. A grands soins, on le porte
dans le chambranle d'une fenêtre, entre des stèles
entamées de nombreux hiéroglyphes. Éphraïm Sa-

muel s'enorgueillit de ces prévenances unanimes. Il
se laisse faire, plaignard avec une muette espérance
de ripailles qu'on paiera pour le réconforter. Seul,
un jeune homme propose aller quérir un fiacre. A
peine le juif déçu de ses vœux remercie-t-il. Il
maudit son infirmité et l'indifférence égoïste des
valides.

Puis les gens recommencent à circuler, bavards.
Un brave homme à la blouse roide, un provincial
égaré dans Paris, reste encore ; et, mettant à profit
l'aide prêtée, il se renseigne sans fin sur l'itinéraire
à suivre pour gagner le boulevard Barbès. Ensuite
il part.

III

— C'est rien chien, tout de même, murmure le
juif, de ne pas laisser un sou pour la casse! Quant à
Tabourdel, l'ébéniste, il peut fouiller ses profondes,
pour sûr. On ne se fiche pas ainsi du monde !

Et il détache les courroies qui le tiennent encore
lié aux débris du chariot : du bois perdu, et mau-

vais ! — Il repose ses membres éreintés par la course fournie. Au dehors, l'averse s'écrase toujours sur les vitres. Entre les colosses de granit et les tombeaux de marbre noir, la cohue se fait plus dense, piétine, laisse pisser partout les parapluies.   /

Du déjeuner, il demeure au juif une ivresse qui lui montre les choses fluides. La tête pèse. Le bruit monotone des pas et des conversations susurrées ronflent autour de lui et bercent. — Pas de voiture. — Pendant cette inoccupation, un dégoût pour l'égoïsme des autres inspire à Éphraïm Samuel des projets de revanche ; mais, bizarrement, l'enfilade de ses idées s'embranche de digressions et se troue de subites lacunes : venue du sommeil. A plusieurs reprises il lève ses paupières qui tombent, et se décolle péniblement les cils. Il songe qu'on le saura bien avertir à l'arrivée du fiacre. Il s'ensommeille, heureux de cette torpeur, contrarié seulement de la prévoir trop brève.

Plus rien. Longtemps.

Et des souvenirs se cherchent, s'unissent. Une à une s'éliminent les perceptions flottantes du rêve, elles laissent placé à de plus réels fantômes. Se retracent l'orage, l'accident.

Une inquiète avidité de savoir si on pense à lui
éveille Éphraïm. Il écoute et il regarde : nul pas,
nulle voix, nul être. Une bleuâtre clarté ruisselle
par les murs, par les stèles, par les sarcophages, par
les colosses qui se dressent rigides, les poings collés
aux cuisses, dans une attitude de violence résolue.
Et sur le parquet ces masses se projettent en grandes
ombres nettes. Clair de lune.

Appeler, le juif n'ose : peut-être l'emprisonnerait-
on pour avoir dormi là, car on en veut toujours à la
race d'Adonaï. — A se voir dans cette antique
Égypte, un effroi le saisit. Sa haine des persécuteurs
fut adulée depuis l'enfance. Il voua surtout de vin-
dicatives colères à ces Égyptiens que, tout jeune, il
criblait de coups de crayon sur les images de la
Bible.

Maintenant, seul parmi toutes ces figures énormes
et surplombantes, il redoute, lui si infime, des
vengeances, des niches surnaturelles de gnômes
outragés.

Il se tasse sur lui-même et frissonne ; mais l'œil
très large d'un dieu le fixe, froid, immobile. Dans
le vide du musée, continûment, une sonorité fantastique vibre, creuse et sourde. Et il paraît au fond de

la salle que les sphinx et les sarcophages avec leurs
théories de prêtres gravés s'approchent lentement
et s'assemblent, dans un rythme de marche funéraire.
Une angoisse.

Au dehors, un nuage qui passe ombre tout. 'Le
cul-de-jatte s'estime encore plus abandonné sans
cette lumière qui espionnait en sa faveur. Il s'affole
à l'appréhension tenace de sentir sur ses épaules
des chocs glacés, des étreintes inébranlables et
lisses.

Mais de nouveau la lumière bleute le musée. Les
monstres ne se sont point mus.

V

Sa bêtise devient évidente à Éphraïm : ces affreux
magots ne s'imposent que ridicules. Certainement,
les sculpteurs travaillent bien mieux aujourd'hui ; et
les anciens étaient des imbéciles, ignorant l'art tout
à fait. Ce jugement sévère le raffermit en la confiance
de soi.

Une statuette de marbre appuyée au mur adverse

s'offre très élégante avec ses formes graciles, son corps svelte, sa taille de fillette et ses petits seins pointus. Par dommage, une tête de tigresse y culmine ; et cette stupide déformance gâte tout l'ensemble de la fluette membrure.

A contempler dans ses plus fines rondeurs le menu des hanches ; à suivre les volutes dérobées de la gorge et les cambrures des flancs aux plis courts, un érotique appétit s'accroît en Éphraïm. Et s'évoque la série des femmes qu'il posséda. La dernière, Madame Jules, l'épouse d'un ouvrier, d'un camarade, auquel il a prêté deux cents francs. Elle se livra, pitoyante un peu pour sa timidité d'infirme, certaine aussi d'obtenir une prolongation d'échéance. Et cette échéance retombe demain ; il songe à l'emploi de cette rentrée. Selon l'avis du médecin, son métier de graveur le tue. Souvent des crises de toux le torturent, et la douleur lui raidit le dos comme si une plaque de plomb s'appliquait entre ses épaules. Ces deux cents francs garantiront tout un mois de repos. Dans la suite, il reprendra son travail, bien portant. Les meubles des Jules représentent une valeur suffisant au solde du billet ; et, cette fois, il ne se laissera plus circonvenir bêtement par une cajoleuse drôlesse de trente-cinq ans, fanée déjà.

De nouveau le regard d'Éphraïm se heurte à la statue. Malgré les efforts qu'il tente pour l'esquiver, son érotisme flambe par ses entrailles.

Une enfant des Jules, une fillette, aperçue se débarbouillant au matin, est très ronde de formes, toute semblable à cette Égyptienne. Il la désire.

Pour l'avoir il reculerait bien encore le paiement de ce qu'on lui doit. Pourtant cet acte serait ignoble. Des romans où de vieux riches obtiennent par de tels moyens les filles du peuple lui reviennent au souvenir. Ces débauchés il les méprise. A la vue du sphinx allongé dans le fond de la salle, il se rappelle un dessin autrefois gravé par lui : des israélites élevant un monstre pareil sur une plateforme au moyen de cordes et de machines ; un tassement de torses courbés par l'effort et de muscles gonflés que fustigent les soldats.

Alors toutes les persécutions souffertes par la Race le hantent. Il la suit par l'histoire peinant sous tous les peuples, esclave toujours. Il se remémore les antiques massacres. Femmes violées, enfants éventrés, torches humaines. Et ces tortures, ces

boucheries, ces atrocités séculaires lui apparaissent
comme la lugubre préface de sa propre existence,
existence de mutilé, existence de méprisé. A lui,
certainement échoient le summum des dédains et
l'ironie suprême. Témoins ce dernier accident et la
dédaigneuse indifférence des gens. De cette exaltation son érotisme s'avive et s'irrite. Il se complaît à
vouloir cette petite Jules : en même temps que la
cause des plus extatiques joies, cette possession
sera pour Israël un triomphe, et le droit légitime du
vainqueur en cette guerre de l'or prêchée par les
rabbins comme la seule revanche possible. Et la
dernière homélie entendue conseillait la prolification
comme le plus sûr moyen de répandre à l'infini les
germes de vengeance. N'est-ce pas pour ses projets la consécration religieuse?

Mais, au moment où son imagination prévoit les
voluptés de cet assouvissement, la crainte de la
mort s'associe, conseillant le repos des sens. Il
devine des délices à rester au lit et à dormir tout un
mois sans l'inquiétude de l'heure. Dans le jour il
lira, fainéantise inéprouvée depuis longtemps. De
vieux feuilletons coupés au bas de journaux et reliés
de ficelles gisent au fond de ses tiroirs, provision

pour l'époque toujours reculée du loisir. Il l'épuisera. Oubliant toutes ses colères, ses ruts et ses fanatismes, il se perd à repasser les romans parcourus jadis, à revivre dans les pampas américaines, dans les catacombes de Rome et dans les égouts de Paris avec les énergiques héros qu'il aima. Et il s'enorgueillit se félicitant de ses aspirations littéraires, supérieures.

Peu à peu ses souvenirs deviennent vagues et s'emmêlent. Les évocations se colorent, prennent des formes presque tangibles, mouvantes; puis elles s'obscurcissent, s'effacent. Éphraïm s'endort.

VI

— Voyez-vous, monsieur Samuel, quand votre assignation est arrivée hier, je me suis dit : c'est pas possible, on aura fait cela sans le prévenir... Et puis, voilà.. Ah, c'est pas bien ça, surtout... surtout...

Madame Jules hésite, sanglotante. De la main elle relève ses cheveux qui s'affaissent au long de son visage et se collent dans les larmes.

Éphraïm s'adosse commodément au poêle encore tiède de récents cuisinages et tâche à retenir le flux de toux qui lui écorche la gorge.

— Surtout après ce qui s'est passé entre nous !... ajoute-t-elle.

Elle va jusqu'au lit, où elle range du linge nouvellement rapporté.

Éphraïm ne répond pas. Depuis la nuit du Louvre tout l'amas des rancunes ataviques l'exaspère. Il exploitera les chrétiens avec une persévérance sacrée. Et il persiste à croire une lâche insulte cette séquestration en compagnie des bourreaux de la Race. Tout bas, il ressasse les insultes dont l'inondèrent les gardiens du musée en le retrouvant endormi, le matin.

Maintenant il sifflote, expertise les meubles en affectant ne pas regarder la jeune femme. Et la honte d'avoir succombé avec cette impure, de se sentir comme débiteur envers elle, c'est une dernière humiliation qui paroxyse sa haine.

Un effleurement le contraint à voir Madame Jules qui met ses lèvres près les siennes, s'agenouille, et se diminue pour être semblable à lui. Il bougonne :

— Non, non, c'est inutile : c'était bon pour une fois.

Alors elle l'enlève riant, l'embrassant, et elle proteste :

— Nous allons bien voir.

Éphraïm s'effondre dans la mollesse des couvertures. Les courroies de son chariot sont précipitamment dénouées. Une voix aigrelette lance :

— Bonjour, maman.

— Hé, va te promener !

Éphraïm s'irrite contre cette interruption du plaisir enfin consenti ; mais sa colère tombe quand il reconnaît l'enfant semblable à la déesse égyptienne. Des yeux, des bras, il la redemande, rendu fou par les caresses inachevées de Madame Jules.

— Console Monsieur Samuel, Agathe ; moi je vais chez la fruitière. Sois bien gentille, n'est-ce pas ?

— Oui, maman.

Et la petite console le cul-de-jatte. Elle lui tend sa joue, ses cheveux volontiers. Elle l'interroge, gentille, sur les causes de son chagrin. Il la fait asseoir près lui et chevrote à peine de courtes phrases, tout ému. Très vite il se grise de cette pré-

sence et se rappelle les violents désirs qui le harce-
lèrent durant la nuit. Et, fermant les yeux, il lui
semble qu'il embrasse les lèvres félines de cette
face de tigresse ; il lui semble que ces petites
mains qui le repoussent sont ces doigts de marbre
noir étendus naguère au long des cuisses de la gracile divinité.

— Oh ! la canaille ! Le saligaud ! Un pareil
monstre ! Pauvre enfant !

On le saisit, on l'arrache de la fillette. Des
figures bavantes de mégères blêmes, la face triom-
phalement pâle de Madame Jules grimacent autour
de lui, hurlantes, vociférantes.

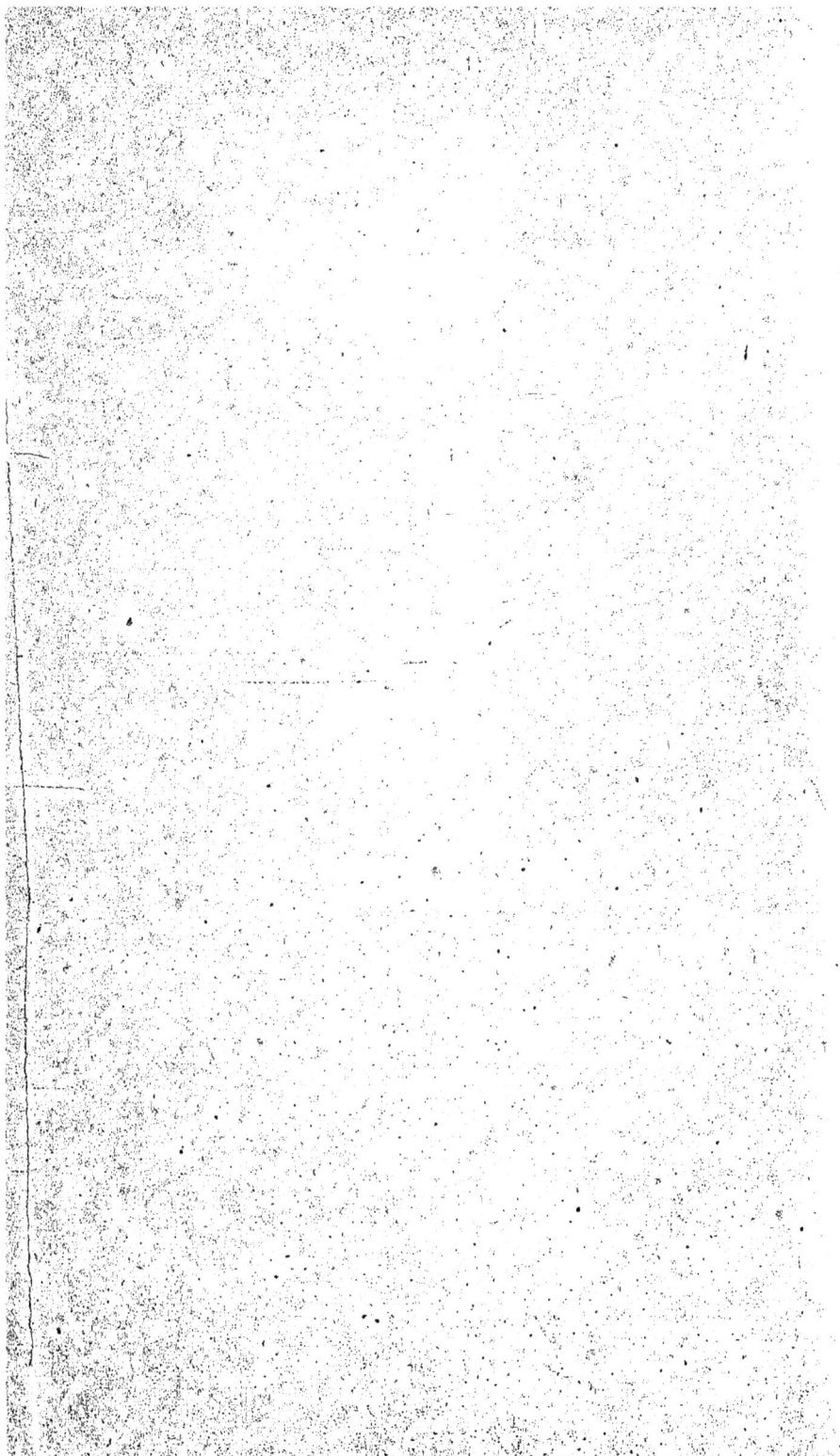

L'INNOUCENTO

ELLE s'en va, toute droite, et longue, longue et poudreuse sous le soleil ardent, l'unique rue du village, avec sa bordure de masures blanchies à la chaux et recouvertes de chaume, avec, tout au bout, sa petite église très délabrée, où le cadran postiche marque toujours la même heure depuis tant d'années. Au-dessus, la montagne aux sapinières crêpues comme des têtes de nègre où, tout au fond, bleuissent les glaciers vierges ; au delà, le gave plein de truites, s'acharnant contre les tas de rocs de son lit sous le petit pont que les lourds chariots débordants de fourrages font trembler de leur poids.

Elle avait grandi là, l'Innoucento, comme on l'ap-
pelait familièrement, entre les pourceaux et les
poules, grognant et gloussant avec eux sur le fumier
et dans la boue. Une grosse tête difforme, engoncée
dans des épaules mal équarries, des yeux trop petits
falotement brillants, de vrais yeux de crétin ; la
bouche fendue jusqu'aux oreilles, avec des lèvres
minces et des dents déjà toutes moussues. Les bras
trop longs, la main trop large, le pied s'aplatissant
dans l'espadrille.

Ainsi, gambadant par les champs de maïs et les
carrés de légumes, le corps difforme et l'esprit em-
brumé, la pauvre idiote attrapa ses vingt ans.

Ses parents étant morts, une vieille femme, Madame Lafont, l'avait prise à son service. Elle gardait
les bestiaux et allait blanchir le linge au torrent.

Les gars du village se moquaient d'elle en lui
prenant le menton avec des mines comiques et les
jeunes filles lui demandaient confidentiellement, histoire de rire un brin, si elle avait un amant : *As oun
galan, Innoucento ?* Et la pauvre idiote écarquillait
ses petits yeux, ne comprenant pas, et gloussait
comme ses poules.

C'était un après-midi de juillet. Un soleil fauve

dardait ses rayons rouges dans le ciel blanc. Les
mouches bourdonnaient au-dessus des eaux stagnantes, les guêpes picoraient sur la haie, les géli-
nottes roucoulaient dans les branches, et les petits
lézards verts rampaient dans les buissons creux.
L'Innoucento qui paissait ses bestiaux par les champs
sentit sa tête lourde de somnolence et s'endormit à
l'ombre des peupliers.

En ce moment le garde champêtre Miquelas passait dans le sentier, ivre. Il vit l'Innoucento endor-
mie sous les peupliers, et une idée baroque tra-
versa sa tête alourdie par la boisson.

— Tiens, comme c'est drôle! se dit-il.

Puis il réveilla d'un coup de pied la pauvre idiote.
Elle se frotta les yeux en grognant. Alors il la prit
dans ses bras et l'emporta dans le taillis prochain où
l'herbe poussait haute.

Et les mouches bourdonnaient au-dessus des eaux
stagnantes, et les guêpes picoraient sur la haie, et les
petits lézards verts rampaientdans les buissons creux.

Depuis ce jour là, lorsque les jeunes filles lui
demandaient : *As oun galan, Innoucento?* l'idiote
ne gloussait plus comme ses poules et son regard
devenait sérieux.

10.

Quelques mois après, sa taille s'épaissit visiblement et les gars du village, en la rencontrant, disaient avec des éclats de rires :

— Comme tu engraisses, l'Innoucento ? Serais-tu enceinte ?

Mais elle ne répondait pas, et s'enfuyait en courant par les carrés de betteraves.

Souvent le soir, en se déshabillant, elle fixait des yeux inquiets sur son ventre gonflé et se rappelait en rougissant le jour où elle s'endormit sous les grands peupliers.

Dans le village, on souriait en la voyant passer, et les commères se chuchotaient avec des mines étonnées :

— Mais qui diable a pu faire ça ?

La vieille Madame Lafont, très intriguée, appela un empirique de passage, et lui fit examiner sa servante. L'empirique déclara que la jeune fille était enceinte.

Alors la vieille femme entra dans une colère effroyable et intima à sa servante de quitter la maison au plus vite : Je ne veux pas de *puto* chez moi, disait-elle.

La pauvre idiote fit un paquet de ses hardes et

partit en pleurant par la campagne sans savoir où
elle allait. A la tombée de la nuit, elle s'arrêta,
brisée de fatigue, sur un petit pont en bois jeté sur
la rivière qui s'engouffrait avec un fracas lugubre
au fond des rocs pointus.

La nuit était délicieuse. La lune nimbée d'argent
brillait sur la montagne apaisée. On entendait les
chiens hurler au loin et l'eau clapoter sous le pont.
Une douce brise parfumée de framboises bruissait
dans les lamelles des pins. L'esprit de la pauvre
Innoucento revint encore à ce jour où le garde
champêtre l'emporta dans le taillis, et sur ses lèvres
minces un sourire doux et amer à la fois passa furti-
vement. Elle regarda son ventre gonflé et le palpa
avec curiosité.

Puis, comme si un éclair subit eût traversé son
cerveau enténébré, elle se mit à sangloter.

La lune s'était cachée derrière les hautes futaies.

L'Innoucento regarda un instant l'eau brunie
s'engouffrant avec un lugubre fracas au fond des
rocs pointus, puis elle escalada le parapet, et se jeta
sans un cri dans la rivière.

SIXIÈME SOIRÉE

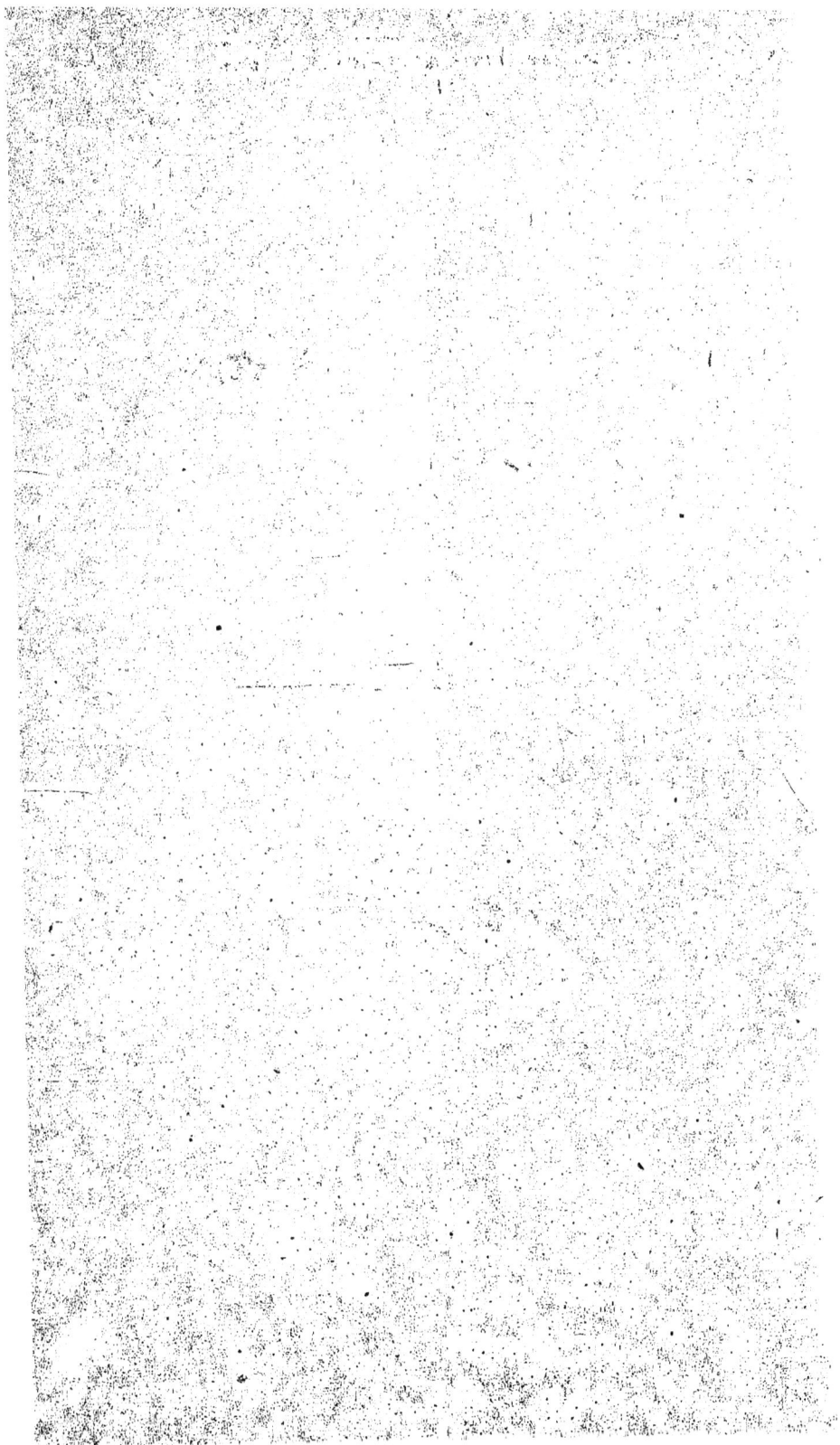

Gît la plaine brune, étendue, rase.

Au bord, la trace du soleil parti stagne rouge.

Et le ciel s'élève avec des courbes immenses de palmes, et des teintes citrines qui montent, qui montent et se nacrent de blanc, et se bleutent, se bleutent comme un ruban de blonde. Une étoile fichée là, minuscule, la tête d'une épingle, dans ce bleu lisse.

Miranda descend par la plaine. Droite et grêle. Droite, en sa blouse lâche à fermoirs de missel. Grêle en ses hautes guêtres qui sanglent. Droite et grêle.

Luisent les canons de son fusil, roses un peu du couchant, rouges un peu du sang des bêtes. Et se rose aussi la torsade la plus lointaine de sa chevelure

massée, et se rose encore la brindille de houx qui
retrousse sa toque large.

Les perdrix rappellent.

Par les sillons aigus comme des vagues, les grands
chiens flairent. Gueules haletantes. Et leurs oreilles
traînent sur le sol épilé de moissons.

Le vent effleure les nappes illimitées de betteraves.
Les betteraves frissonnent de leurs panaches verts et de
leurs panaches mauves. Semblables à des piles d'écus,
les lointaines cheminées de fabriques.

Les perdrix rappellent.

L'église du proche village lève au ciel sa tour de
prières, son clocher bleu. Son clocher assis sur les
rondes cimes des pommiers et dans les feuilles ténues
des saules.

Voici que des buées sourdent et rampent ; des buées
grises qui glissent au ras des éteules et des trèfles.
L'ampleur du vide s'accroît. Le ciel se hausse et
s'éteint. La nuit violette plane sur la plaine, plane
et s'accroupit. Et les lueurs des fermes transpa-
raissent à peine suspendues parmi les brumes denses :
des taches d'or.

Par les sillons aigus comme des vagues, les grands chiens flairent. Et leurs flancs roulent aux sursauts de l'infatigable course.

Les perdrix rappellent.

Dans l'ombre rousse de la salle où les murs se perdent, rien que les torses des hermès, cariatides de la cheminée profonde, rougeoyent au feu des bûches. La flamme danse et pétille. La flamme danse, et son ombre jaune sur la tête pensive des chiens allongés.

Miranda se repose toute mince dans l'antique fauteuil aux fleurages défunts. Et saillent ses jambes rondes croisées dans la courte jupe de velours sombre. Sa chevelure dénouée inonde de pâleur les pâleurs exsangues de sa face sérieuse. Trop petite dans le fauteuil trop grand ; trop blanche dans le fauteuil usé.

Pour un sourire de sa mémoire, ses lèvres rosâtres s'étirent. Et la flamme qui se tend jusqu'à elle lèche ses yeux obscurs d'ombres flambantes.

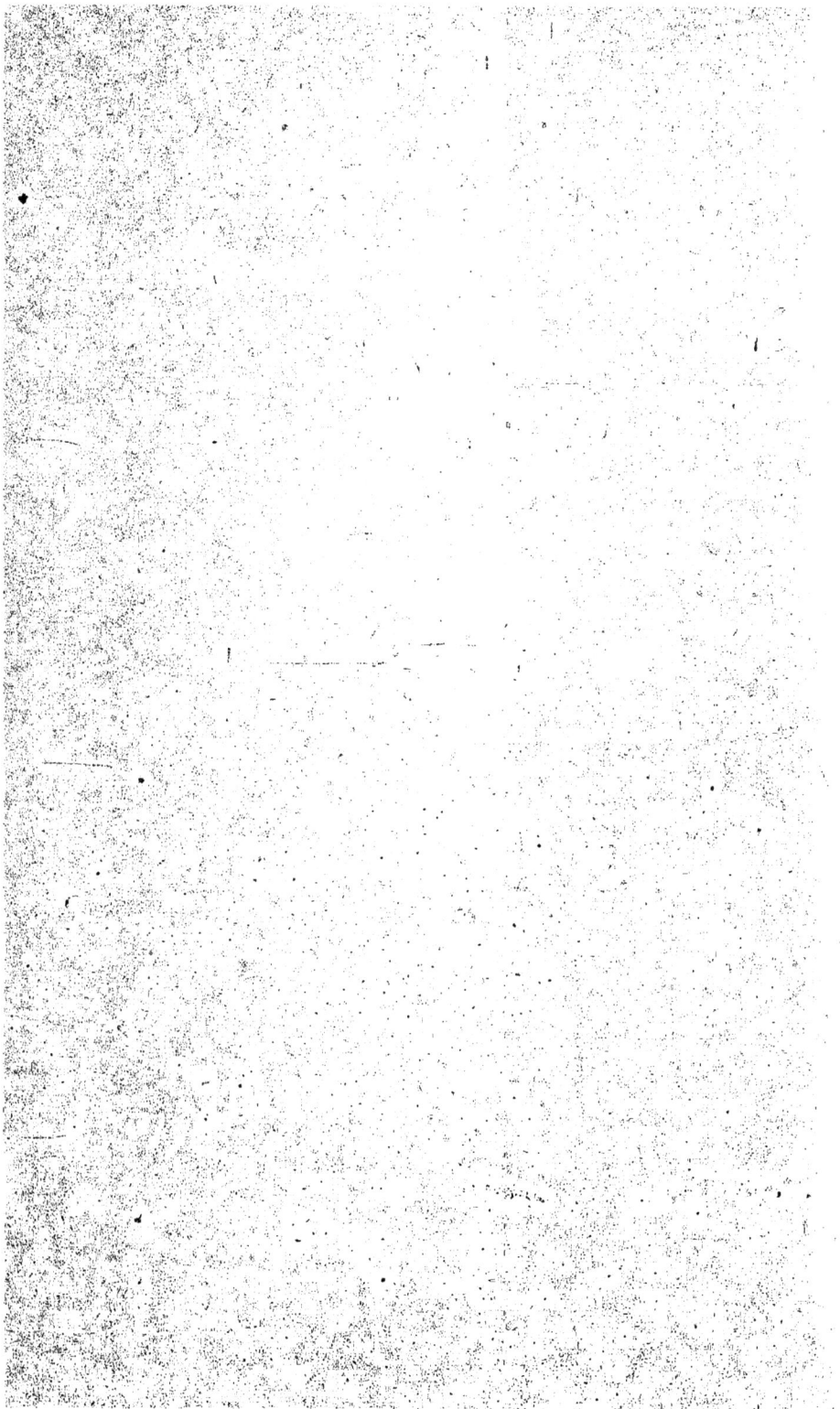

ŒIL-CHINOIS

PRÈS le dîner, on s'installa pour prendre le café dans le jardin, sous des berceaux de capucines. Il y avait là, autour de la maîtresse de céans, la délicieuse Blanche d'Étanges, Léonie Clauss avec sa face blafarde de pierrot vicieux et Julia Lebreton, une brune massive, au regard têtu. Cavaliers : Hanser, le financier obèse, le jeune de Tretel, et le fameux reporter Gros-Renaud. La nuit était tombée douce et susurrante sur la Seine dont le cours fuyait, imperceptible, sous le pont instantanément ébranlé par le passage du train de Paris.

Les six convives goûtaient l'exquise torpeur de

la digestion. Une bonne digestion de dîner fin. Les
bouteilles ventrues, les fioles allongées pleines de
liqueurs multicolores encombraient la table parmi
les petits verres de cristal, les tasses de Sèvres, les
boîtes à cigares et les mignonnes cigarettes blondes
et opiacées.

De l'autre côté de la rive, là-bas, des appels, —
comme d'une voix de ventriloque, — coupaient tout
à coup le silence de la nuit. Plus près, de la route,
des refrains expirés, puis repris, montaient.

Une lampe à abat-jour lilas lunait à peine l'obscurité que le feu des cigares cloutait d'or. La nuque
grêle de Léonie Clauss, la toilette estivale de Julia,
l'énorme nez de de Tretel surgissaient fantastiquement de cette pénombre nimbée.

On parla potins.

— Ainsi, demanda de Tretel, Madame Gimary
vient de déserter définitivement le toit conjugal.

— C'est son mari qui doit être embêté, remarqua
Léonie.

— Je vous crois, fit le gros Hanser en se ren-
versant sur sa chaise. C'est sa femme qui est
riche. Lui a toujours fait de mauvaises affaires à la
Bourse et avec ses maîtresses. Il a encore perdu

dernièrement une forte somme avec le Panama.

— Il paraît que la petite Œil-Chinois lui a coûté près de deux cent mille francs, reprit de Tretel.

— Quel imbécile ! lança dédaigneusement Hanser; moi, les femmes ne me coûtent presque rien.

— Tourné comme vous l'êtes, ça se comprend, remarqua malicieusement Léonie Clauss.

— Vous, vous allez vous taire, petite futée, répondit le gros Hanser, menaçant du doigt, et visiblement piqué malgré son air plaisant.

— Pas de querelles, cria la maîtresse de céans.

Puis s'adressant à Gros-Renaud :

— Dites : vous la connaissez bien, vous, cette Œil-Chinois? Contez-nous donc quelques détails.

— Peuh ! une petite rousse chiffonnée, interrompit la brune Julia Lebreton.

— C'est elle qui est la cause de tout ce scandale, pas ? continua Blanche d'Etanges.

— Évidemment, firent en même temps de Tretel et Hanser.

— Messieurs, prononça avec autorité le reporter, vous avez deviné que la brouille du ménage Gimary est l'œuvre de Mademoiselle Œil-Chinois. C'est le secret de Polichinelle. Mais je parie que vous ignorez complétement le fin mot de cette aventure.

— Le fin mot de cette aventure ! s'exclama le financier qui détestait la contradiction, le fin mot de cette aventure ? C'est bien simple : Gimary était en train de se ruiner, de se couvrir de ridicule ; Madame Gimary l'a trouvée mauvaise, et elle a eu raison.

— Vous n'y êtes pas, monsieur Hanser, répliqua froidement le journaliste.

— Assez, cria de nouveau Blanche d'Étanges, est-il ennuyeux avec ses piques, ce Hanser.

— Avec mes piques ?... bougonna le financier.

— Voyons, Gros-Renaud, continua Blanche, je vous ai demandé des renseignements sur Œil-Chinois. Est-il vrai qu'elle ait vendu des fleurs au quartier Latin ?

— Parfaitement. Il y a cinq ou six ans de cela. Et si vous voulez connaître son portrait à cette époque, permettez-moi de vous réciter une pièce de vers qu'un de mes amis publia jadis en l'honneur de la bouquetière dans une feuille de chou de la rive gauche.

— Moi je n'aime pas les vers, observa Hanser de plus en plus dépité.

— On ne vous demande pas votre avis, clamè-
rent à la fois ces dames.

— Voici les vers, dit Gros-Renaud, en prenant
une pose, et il récita :

> Par les brouillards violets,
> Qu'il bruine ou bien qu'il neige,
> Sous sa jupe de barège,
> Laisse trotter ses mollets —
> La petite bouquetière.

> Des roses blêmes dans sa
> Corbeille, roussotte et blanche,
> S'en va, tanguant de la hanche,
> Faisant des yeux comme ça —
> La petite bouquetière.

> Et ses rêves familiers
> La montrent déjà parée
> D'une robe mordorée
> Avec de jolis souliers —
> La petite bouquetière.

— Pas mal, épilogua Léonie Clauss.

— Il y a des mots que je ne comprends pas,
avoua naïvement Julia Lebreton.

Hanser et de Tretel restèrent cois.

— Connaissez-vous son vrai nom ? car Œil-Chinois ne peut être qu'un sobriquet, insista Blanche d'Étanges.

— Notre ami Guy Bouffard la baptisa ainsi à cause de ses yeux qui rappellent les dames des kakémonos.

— Caqué, caqué... quoi ? s'esclaffa Julia.

— Les kakémonos, ma chère, c'est des articles japonais ; c'est des bandes d'étoffes avec de la peinture dessus.

— Peste ! Quelle érudition, mademoiselle.

— Vous saurez, monsieur Gros-Renaud, que j'ai été employée dans un magasin de japoneries... du temps de mon honnêteté.

— Je vous vois d'ici parmi les magots, fit le lourd financier qui cherchait à se venger de Léonie.

Gros-Renaud continua :

— Œil-Chinois s'appelle tout bêtement Clara Thureaux. Sur son père, je ne sais rien de précis. Sa mère, une ancienne blanchisseuse, pensa que la fillette, avec sa frimousse bizarre, ses crins roux sur le dos, et son coup de hanche schocking, pourrait rapporter gros en vendant des violettes et des roses le long du Boul'Mich, et dans les brasseries où des futurs notaires et des dondons à sacoches marivau-

dent. Elle avait raison la brave femme. Le succès de
la petite Clara fut immense. L'un lui achetait une
rose pour lui prendre le menton, l'autre un bouquet
de violettes pour lui passer la main dans ses cheveux
dénoués. Sa conversation était très amusante. Elle
avait de ces reparties ingénûment perverses qui
émoustillent. Il paraît même que bientôt le sexe
faible la disputa au sexe fort, la gentille bouquetière n'ayant pas manqué de toucher le cœur de
mainte verseuse de bocks. L'une voulait remplacer
ses chaussettes d'estame par des bas de soie fine ;
l'autre la comblait de présents en chrysocale ; une
troisième la faisait calamistrer par son coiffeur...

— Et ce fin mot ? interrompit Hanser avec un
bâillement ironique.

— Oui, ce fin mot, répercuta de Tretel.

— Pas d'interruptions ! commanda Blanche.

— Nous y arrivons, messieurs :

A dix-sept ans, la bouquetière se laissa enlever
par un étudiant exotique quelconque. Elle fréquenta
Bullier, le restaurant Boulant et l'arbre de Robin-
son. Il serait superflu de la suivre à travers les
diverses étapes qui constituent l'histoire banale
de...

II.

— Vous toutes, mesdames, interrompit de nouveau le financier metteur-dans-le-plat.

— Malhonnête ! dit Blanche.

— Idiot ! fit Léonie.

— Veau ! gronda Julia.

Le narrateur feignit l'indignation :

— Je reprends, monsieur Hanser, vous m'avez
empêché de placer un mot spirituel.

— ... Il serait superflu de la suivre à travers les
diverses *étapes* qui constituent l'histoire banale de
toute jolie fille dont la vertu rend les clefs à la première sommation d'une agrafe diamantée ; néanmoins il faut croire qu'elle *les* brûla, car la haute
galanterie parisienne ne tarda pas à s'enrichir de
Mademoiselle Œil-Chinois, une rousse adorablement
évaporée et fringante comme une cavale de race.

— Brûla quoi ? demanda Julia.

— Les étapes.

— Les étapes ? Ah ! bien.

Hanser trouva le mot faible. De Tretel le nota
pour le répéter à son cercle.

— ... Gimary qui venait de se brouiller avec la
petite Louisette, des Nouveautés, rencontra un soir
Œil-Chinois à l'Hippodrome. La folle rousse était

ravissante, tout en noir, coiffée d'une mantille à la
milanaise. Gimary fut très empressé et finit par faire
des propositions quasi-officielles. Au moment le
plus pathétique de la déclaration, Œil-Chinois qui
n'avait pas cessé d'examiner avec une curiosité nar-
quoise le crâne de Gimary, dont la calvitie est légen-
daire, dit sur un ton de sérieux imperturbable : « Eh
ben, vous avez un joli genou, vous. » Cette espiègle-
rie ne découragea pas l'amoureux ; et, au bout d'une
cour assidue de plus d'un mois, la miséricordieuse
enfant finit par accepter un joli petit hôtel rue Dau-
bigny, richement meublé de l'écurie aux mansardes.
On parla beaucoup d'un lit à colonnades dont les
draperies avaient coûté près de quinze mille francs.
Eh bien, il paraît que le malheureux Gimary n'a
jamais couché dans ce lit-là.

De Tretel gloussa un rire méprisant, se trouvant
fort supérieur.

— ... L'amoureux crut d'abord à un caprice pas-
sager ; puis il s'exaspéra. Il se trouvait ridicule.
Rompre ? Mais comment, quand on est fou de désir
et de dépit ? La cause de cette rigueur inaccoutumée ?
Sans doute un rival. Un amant de cœur, étudiant,
ancienne connaissance du quartier Latin, un cabotin,

un bookmaker, un rapin de Montmartre... Il
espionna longtemps sans résultat. Enfin, il finit par
découvrir que l'inhumaine se rendait fréquemment
dans une maison de la rue Pasquier. Les scrupules
de la concierge capitulèrent devant une liasse de
billets de banque et, un après-midi, Gimary put
pénétrer dans l'entresol à gauche. Un vrai nid
d'amoureux aux meubles intimes et parfumés. Il
était furieux, résolu de ne pas reculer devant le
plus épouvantable scandale. La porte de la chambre
à coucher céda. Il se trouva en face de deux
femmes. Horreur !... Il reconnut Œil-Chinois et
Madame Gimary. On prétend que leur tenue était
peu convenable...

— Le pauvre homme ! soupira Léonie Clauss.

— Pouah ! fit Julia Lebreton.

De Tretel trépignait.

Hanser traita *ça* d'invention de journaliste.

— Elle n'a pas mauvais goût, Madame Gimary,
épilogua Blanche d'Étanges, rêveuse.

OPHICLÉIDE FLAMAND

AUBADE

Lille.

ES maisons sont grises et hautes, leurs fenêtres blanchement linceulées de rideaux mornes. De faîte à faîte ondoye le violet pâle des brumes. Plus haut, surgissent les pinacles de vieilles églises dans les nues cendreuses qui vont, lentes. La ternissure du jour choit vers les trottoirs où la pluie a laissé des marbrures sombres. Il pullule des passants silencieux et le bruit de leurs pas a d'inquiétantes sonorités qui vibrent. Les fillettes étreignent leurs corsets emmaillotés de journaux; elles trottinent, blêmes, la main crispée sur le louis d'amour. — Enloqués de velours flasque, jauni, les travailleurs se dandinent, lourds. Et les chaussures bossuées des bureaucrates luisent seules dans le pianissime des teintes fades. Sur les rails noirs, les tramways glissent sans tapage au trot des petits chevaux qui s'agitent dans les traits lâches, tandis que des gamins au teint vert étouffent tous les tumultes par la psalmodie continue de leurs voix aigres : « Demandez *le Petit Nord* », et passent, rapides, décollant de leur pouce ensalivé les feuilles humides du journal.

Impérieusement, un roquet aboie,

CONCERTO

Le beffroi carillonne ses notes hésitantes. Des heures. Elles tombent lourdes de sa couronne en pierres, de sa couronne fermée comme celle des princes. Au pinacle de l'édifice, que noircirent les âges, le lion héraldique dressé mire le soleil en ses flancs d'or. Et les maisons sont coiffées de faîtes à gradins ; et dans l'angle suprême des façades les œils-de-bœuf semblent voir.

Vieille cité flamande.

Sous les panonceaux, portant en lettres vertes : « Robes et Confections »,

Sous l'exergue brillant du magasin : « A la Dame-d'Honneur »,

Elles jacassent les petites couturières, les petites couturières engaînées de minces robes noires.

Elles jacassent et elles sautillent — et leurs bras grêles ; et leurs saclets en cuir roussi. Et leurs échines se penchent devant la vitrine, leurs échines qui font luire les corsages par places. Admirations pour les toilettes de Paris tendues sur les mannequins rigides.

Deux à deux arrivent les retardataires, deux à deux. Une à une.

Et la dernière vêtue de rouge, elle court.

Elle court la main soutenant sa tournure qui sursaute. Elle court, ayant sa frimousse encore moite du lit, et les mèches noires de sa chevelure croulant malgré la morsure du peigne. D'un .re elle salue, tandis que des friandises, en sa b. .che, lui gonflent la joue. Elle salue d'un rire sans pensée.

Et les petites couturières se pressent dans le couloir de l'atelier. La grande salle claire.

La grande salle claire où plane l'aigre puanteur des failles neuves. Elles s'installent ; et elles se bousculent ; et des claques malicieuses rebondissent sur les omoplates en saillie, sur les croupes futures. Des disputes crèvent pour occuper les meilleures places,

très loin du poêle où chauffent les fers, très loin de
la coupeuse surveillante qui taillade sans fin des
étoffes de toutes nuances sur le transparent jaune du
modèle.

Et s'inclinent, les têtes attentives, sur les doublures
à faufiler, les têtes attentives des petites couturières
si bien coiffées,

Agilement s'agitent les minces doigts, piqués noir
par l'aiguille. Et les bavardages piaillent. Des potins
d'amour. Aux frisures brunes s'emmêlent des frisures
blondes ; et les cheveux échappés des tempes trem-
blotent à l'haleine des confidences chuchotées. Les
dos palpitent par saccades, en une grande envie de
s'esclaffer.

Et la quinte des rires trop longtemps contenue
résonne.

Elle résonne, elle monte dans la grande pièce
claire ; elle étouffe la cliquetante mastication des
ciseaux.

Et des restes de pudeurs rougissantes se cachent
dans la claire-voie des mains ramenées sur le visage,
des mains blanches aux minces doigts, piqués noir
par l'aiguille. Et la joie met en danse les seins grêles
perdus dans l'ampleur du mérinos.

Une joie qu'elles lâchent au nez des garçons, une fois sorties.

Au nez des jeunes garçons, qui les rattrapent et les embrassent, les petites couturières, bien contentes, sous les grandes portes.

Mais ils les abandonnent soudain, les jeunes garçons, à l'aspect terrifiant d'un chapeau haute forme.

Le beffroi carillonne ses notes hésitantes. Cinq heures. Elles tombent lourdes de sa couronne en pierres, de sa couronne fermée comme celle des princes.

Aux bosselures du pavage, cahotent les coupés déteints des hobereaux en visite.

La « Dame-d'Honneur » tressaille.

Elle tressaille de ses escaliers qui trépident sous l'avalanche des petits pieds.

Les petits pieds des grisettes qui envahissent le trottoir.

Et les unes, gourmandes, déroulent des papiers gras recéleurs de charcuteries.

Et les autres assaillent la voisine épicerie et chipent des cornichons dans le bàril où plonge une grosse cuillère en bois.

Mais la petite rouge, non rieuse, reste immobile.

Un doigt dans la bouche, attentive, écoutante.

Au loin ronronne un étrange bruit.

Un étrange bruit où se mêle le titillement d'un grelot.

Cela grandit, enfle et ronfle.

Brille sur la chaussée un bicycle, un bicyle dont les orbes dardent de pâles étincelles.

Là haut, un éphèbe juché.

Et ses cuisses se moulent dans un collant gris de perle et ses mollets en de superbes guêtres jaunes.

Elles se sont tues les petites couturières. Elles se sont tues et elles le contemplent.

Seule, la petite rouge continue rire et narrer. Seule.

L'éphèbe avec un geste de calme souplesse a sauté de son véhicule. Se dirige vers la ruelle du Palais.

La petite rouge quitte ses compagnes et pénètre sournoise dans la ruelle du Palais.

Au pinacle du beffroi que noircirent les âges, le lion héraldique dressé mire le soleil en ses flancs d'or.

Et tout droits dans leurs chars rougis, aux criardes
ferrailles, les très robustes garçons bouchers passent
sanglants, ainsi que les triomphateurs antiques.

Ils passent et font claquer la chambrière au-dessus
de leurs poneys qui galopent.

> P'tite Lucie n'est plus pucelle,
> Tant pis pour elle !
> C'est Lucien qui l' lui a pris,
> Tant mieux pour lui !

Elle pleura d'abord la petite rouge, elle pleura
quand ses compagnes la chansonnèrent.

Elle rit ensuite, elle a ri quand ses compagnes
la chansonnèrent.

Puis, tous les jours, la petite rouge laisse paraître
à son oreille une touche de poudre de riz.

Bientôt la touche s'étend, s'étend à givrer tout
son visage.

Et ses joues n'ont plus que des roseurs marcescentes comme celles de l'anémone du Japon.

Et puis l'épiderne se voile de blanc, d'une trans-
parence blanche sous laquelle il se devine encore,
de même que le vert se devine encore au verso blanc
des feuilles du peuplier blanc.

Et puis il se linceule de blanc : on dirait d'une marmoréenne statue où seuls les yeux vivent.

Mais les yeux s'auréolent de noir ; et les lèvres se vernissent de carmin; et les mouches noires notent une recherche d'élégance.

Et le sourire, l'immuable sourire, se fige à la commissure des lèvres, découvrant la denture bêtasse.

Et l'œil dans son auréole noire stagne, avec la classique polissonnerie qui bonimente l'alcôve.

Et toute, elle donne l'impression d'une étiquette, comme les toilettes de Paris derrière la provinciale vitrine.

Les maisons sont coiffées de faîtes à gradins. Dans l'angle suprême des façades, les œils-de-bœuf semblent voir.

Leurs saillies se capuchonnent de neige, de neige qu'illumine la lune bleue. La vitrine de la « Dame-d'Honneur » larmoie des gouttes de vapeur. Le pavé sec et gris, le ruisseau solide.

Entre le manteau soyeux et bordé de loutre que dépassent les volants d'une robe en velours, entre le manteau et le chapeau chargé de plumes frissonnantes, la figure de Lucie resplendit comme un masque neuf.

Et ses mains gantées de noir où saignent de larges piqures écarlates, ses mains gantées de noir tiennent un petit manchon.

Elle regarde la vitrine et sa poitrine exhale de gros soupirs.

Une autre femme semblablement mise l'accoste. Et les : « Bonjour, madame ! » chantent un prétentieux duo.

Les petites mains gantées de noir et les petites mains gantées de jaune indiquent une foule d'objets derrière la glace. Elles s'agitent, elles vont des mannequins pancartés de blanc aux chapeaux piédestalés de palissandre, des rubans enroulés sur les supports de globes à gaz, jusqu'aux cravates indigo et vermillon qui semblent nager en des flots de dentelles rêches.

Et les têtes hochent, et les plumes frémissent, et d'une poitrine à l'autre les gestes oscillent, volubiles.

Mais voici deux ombres toussotantes, crachotantes, bedonnantes.

Elle traînent sur le trottoir sec et gris des sabres qui résonnent et des éperons qui cliquètent.

Et leurs faces renfrognées, rougeaudes, mous-
tachues, grognent sous les képis garance.

Et très penaudes, se taisent les petites femmes
qui suivent les officiers.

Sans dire, elles subissent les remontrances ; et
les moustaches en brosse, balayent leurs petites
figures, les pauvres petites figures qui resplendissent
comme des masques neufs.

Le beffroi carillonne ses notes hésitantes. Des
heures. Elles tombent lourdes de sa couronne en
pierres, de sa couronne fermée comme celle des
princes. Au pinacle de l'édifice que noircirent les
âges, le lion héraldique dressé mire la lune en ses
flancs d'or. Et les maisons sont coiffées de faîtes à
gradins ; et, dans l'angle suprême des façades, les
œils-de-bœuf semblent voir.

Vieille cité flamande.

SÉRENADE

Arras.

Le café blanc et or, ses banquettes de velours
grenat. De pilier à pilier, ondoye la bleuâtre fumée
des pipes qui sinue et s'élève. Plus haut, le plafond
a revêtu la teinte saure des vieux tableaux. Dans
les globes dépolis, le gaz flambe comme un œil ; sa
lumière s'épand et cuivre. Elle s'épand et elle cuivre
les tables de marbre blanc, et les verres et les liquides. Elle s'épand et cuivre les glaces adverses,
où s'enfoncent d'infinies perspectives de la salle,
réfléchies et réfléchies toujours dans leurs multiples
mirances. De même, au théâtre, la galerie sans bout
du palatial décor. Des têtes pommadées et des
crânes chauves. Et, proférés, des mots étranges de

jeux. Bruit des dominos grattant les tables. Des
éphèbes étreignent leurs cartes, les Rois impassibles trônant avec le sceptre, les Reines à figure
ronde, et les As solitaires. Ils tremblent blêmes, la
main frémissant au bord du tapis rouge, où s'enlacent sataniquement les noires initiales du patron.
Un sou la fiche. Autour des billards, verts comme
des prairies anglaises, les messieurs grisonnants
s'appuient sur les queues, en silence, dans l'attitude du hallebardier royal. Et les blancheurs des
tabliers qui ceignent les garçons lâchent seuls
une note crue dans la symphonie des couleurs
cuivrées. La très laide caissière, à peine découvrable
au milieu des flacons à pans et des maillechorts,
inscrit. Ses gros doigts courent sur la page, courent
avec une bague à chaton d'émeraude. Tandis que
de jeunes hommes étouffent de criailleries le bruis-
sement qui plane : « Tu as une veine de cocu ! Le
roi ! Tu es baisé ! » et jettent les cartes sur le marbre
avec une bestiale rage.

Magistralement un notaire impose : Whist veut
dire silence.

TABLE DES MATIÈRES

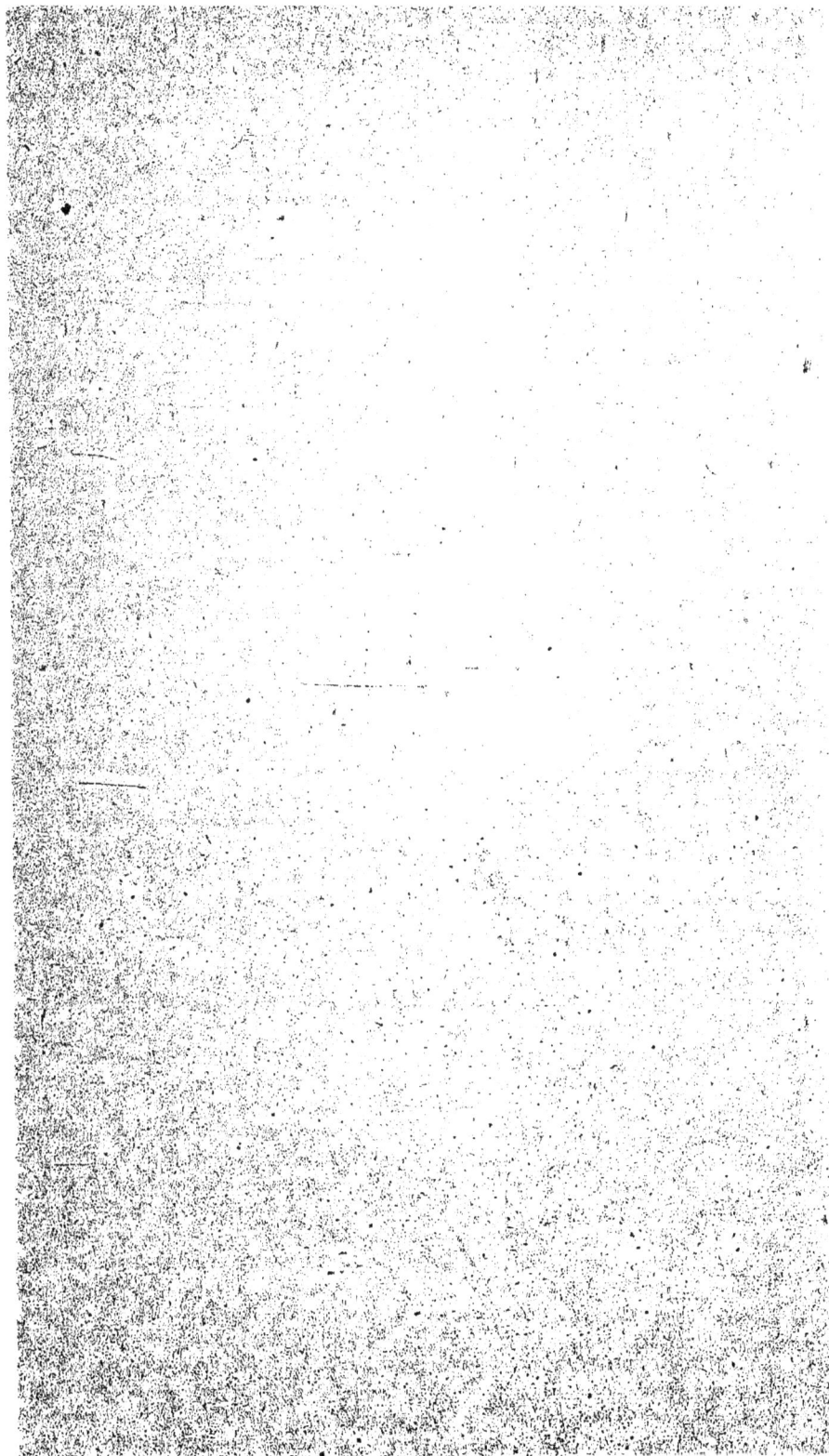

TABLE DES MATIÈRES

———

214   *Table des matières.*

Pages

3694. — ABBEVILLE, TYP. ET STÉR. A. RETAUX. — 1886.